S'affirmer au quotidien

Données de catalogage avant publication (Canada)
Schuler, Éric
S'affirmer au quotidien

1. Assertivité. 2. Habiletés sociales. I. Centre interdisciplinaire de Montréal. II. Titre.

BF575.A85S38 1998 158.2 C97-941558-6

DISTRIBUTEURS EXCLUSIFS:

- Pour le Canada et les États-Unis:
  MESSAGERIES ADP*
  955, rue Amherst,
  Montréal, Québec
  H2L 3K4
  Tél.: (514) 523-1182
  Télécopieur: (514) 939-0406
  * Filiale de Sogides ltée

- Pour la Belgique et le Luxembourg:
  PRESSES DE BELGIQUE S.A.
  Boulevard de l'Europe 117
  B-1301 Wavre
  Tél.: (010) 42-03-20
  Télécopieur: (010) 41-20-24

- Pour la Suisse:
  TRANSAT S.A.
  Route des Jeunes, 4 Ter
  C.P. 125
  1211 Genève 26
  Tél.: (41-22) 342-77-40
  Télécopieur: (41-22) 343-46-46

- Pour la France et les autres pays:
  INTER FORUM
  Immeuble Paryseine, 3, Allée de la Seine,
  94854 Ivry Cedex
  Tél.: 01 49 59 11 89/91
  Télécopieur: 01 49 59 11 96
  Commandes: Tél.: 02 38 32 71 00
  Télécopieur: 02 38 32 71 28

Dépôt légal: 1er trimestre 1998
Bibliothèque nationale du Québec

ISBN 2-7619-1418-X

ÉRIC SCHULER

S'affirmer au quotidien

LES ÉDITIONS DE L'HOMME

cim

Introduction

La notion d'affirmation de soi est claire en français et le verbe «s'affirmer» correspond également à un concept familier. Néanmoins, j'ai cru bon d'utiliser le néologisme «assertivité» tout au long de cet ouvrage parce qu'il correspond davantage au sens que lui donnent les Américains, lesquels ont réalisé l'essentiel des recherches dans le domaine de l'affirmation de soi. Ceux-ci diront en effet d'une personne qui s'est affirmée qu'elle est devenue *assertive,* utilisant le terme *assertiveness* pour affirmation de soi et l'adjectif *assertive* pour qualifier les gens qui en sont pourvus. Ces termes ont d'ailleurs été repris et ils sont utilisés par nombre de professionnels de la communication.

Cette mise au point étant faite, je dirai quelques-unes des raisons qui m'ont incité à écrire ce livre. Ce qui m'a le plus frappé au cours des dix années qui ont suivi la découverte des méthodes de l'assertivité, c'est l'étendue de leur action qui dépasse largement le but qu'elles se fixent au départ dans le processus de croissance personnelle. Certes, on sait que ces méthodes procurent une plus grande assurance de soi et une plus grande souplesse d'adaptation devant de nouvelles situations, qu'elles soient déroutantes, difficiles à supporter, voire stressantes. Mais au-delà de cette constatation qui est, pour plusieurs d'entre nous, un progrès considérable, nous trouvons, dans la pratique quotidienne de l'assertivité, une satisfaction d'un autre ordre, celle de pouvoir vivre en plein accord avec nous-mêmes.

Face à n'importe quel type de situation (professionnelle, familiale, conjugale), nous adoptons une ligne de conduite que nous évaluerons *a posteriori.* Chaque fois que nous percevons que nous avons agi inadéquatement, nous constatons que nous avons manqué d'assertivité. Au lieu de prendre le parti qui nous était le plus naturel et celui que nous aurions le mieux défendu, nous avons choisi la manipulation (dans le but de déstabiliser l'autre), et nous sommes réfugiés dans la fuite (par manque de courage ou d'audace) ou bien encore nous avons fait preuve d'agressivité (faute d'avoir su contrôler nos impulsions).

Seul le comportement assertif a le pouvoir, lorsque nous évaluons notre comportement après coup, de nous donner la satisfaction de nous dire: «J'ai agi du mieux que je pouvais, je ferais de même si j'avais à recommencer.» Cela n'implique pas forcément que nous soyons parvenus à nos fins dans tous les cas. Au contraire, nous connaissons tous des échecs; et nous devons nous montrer capables de les reconnaître et d'en tirer des leçons pour l'avenir. Mais de même qu'un sportif qui s'est préparé à une compétition internationale n'a rien à se reprocher s'il ne la gagne pas, il est important de pouvoir approuver nos propres décisions et la manière dont nous les avons mises en œuvre, sans les juger uniquement en fonction de leur résultat.

Cela n'est pas toujours facile car, ce faisant, il devient impossible de rejeter sur les autres la responsabilité de nos échecs. Nous devenons ainsi totalement responsables de nos actes et de leurs conséquences. Cependant, c'est aussi une immense satisfaction de juger que nous avons fait pour le mieux dans la mesure de nos moyens.

C'est la raison pour laquelle je crois si profondément en l'efficacité des méthodes de l'assertivité. C'est pour moi une grande joie de les faire connaître, tant au moyen des séminaires et des ateliers que j'anime que par l'entremise de la toute nouvelle édition de cet ouvrage qui vous donnera, je le souhaite, l'envie et les moyens de les mettre en pratique.

PREMIÈRE PARTIE

Présentation et principes fondamentaux

CHAPITRE PREMIER

Définition et usages de l'assertivité

I. NOTRE DÉFINITION ET QUELQUES PROPRIÉTÉS FONDAMENTALES

L'assertivité, que nous étudierons de plus en plus précisément tout au long de ce livre, sert à défendre vos valeurs, fermement mais sans agressivité. Est assertif celui ou celle qui est capable, sans état d'âme, de féliciter ou de réprimander ses collaborateurs chaque fois qu'il le juge nécessaire; ceux qui sont capables de rester au lit une journée simplement parce qu'ils l'ont décidé; celui ou celle qui sait décider de licencier ou de démissionner et qui le fait en en assumant toutes les conséquences; ceux qui peuvent décider de perdre cinq kilos en deux mois et qui les perdent; ceux qui créent leur propre style de relation avec leurs collègues de travail, ceux qui cessent de fumer ou qui se donnent le droit de prendre une journée de congé pour fêter l'arrivée du printemps; ceux qui choisissent leurs amis, leur travail, leurs loisirs, leurs passe-temps. En un mot, ceux qui modèlent leur vie comme ils l'entendent au lieu de subir les pressions de leur entourage.

La maîtrise de l'assertivité vous aidera si vous redoutez de parler en public, d'être ridicule, de prendre des décisions, de changer d'entreprise. Ou encore, si vous avez peur du changement, des hommes, des femmes, des enfants, de votre patron, des chasseurs de tête, des clients ou des fournisseurs. Elle sera sans grand effet si vous avez peur de la solitude, de la mort, de la crise économique, du chômage, de la guerre ou de recevoir le ciel sur la tête.

Nous définirons l'assertivité comme l'aptitude qui permet, à partir de l'analyse claire d'une situation, de déterminer clairement son objectif ou sa propre position vis-à-vis de cette situation, d'être capable de la faire connaître sans ambiguïté à un tiers, de la défendre sans agressivité, tout en admettant une attitude différente de la part de certains autres. Notons dès à présent que l'attitude assertive développe l'assertivité de l'interlocuteur et facilite les rapports que l'on établit avec lui.

Vous trouverez, dans le tableau à la page suivante, quelques exemples pour illustrer notre propos.

L'assertivité comporte deux volets aussi importants l'un que l'autre: une part d'écoute et d'attention consacrée à l'autre ainsi que des efforts pour bien le comprendre et admettre sa position, même si elle est très différente de la nôtre; une part d'expression pour oser expliquer à l'autre, quel qu'il soit, notre position, et la lui faire également admettre et respecter.

Le comportement assertif est, parmi d'autres, un outil de communication et, sans doute, l'un des plus simples à comprendre et à mettre en œuvre. Il est donc surprenant de constater que les entreprises, soucieuses d'une meilleure communication interne et externe, cherchent encore rarement à l'intégrer dans leurs programmes de formation. En effet, l'assertivité présente, par rapport à d'autres méthodes, des avantages certains.

Ce n'est pas un «modèle», au sens mathématique du terme, c'est-à-dire la représentation simplifiée d'une réalité complexe, comme l'est, par exemple, l'analyse transactionnelle. Les principes de cette dernière sont très simples, mais leur mise en application dans la vie quotidienne, professionnelle ou personnelle, demande, en fait, des heures de pratique. Trop souvent, l'assertivité est présentée comme un prolongement de l'analyse transactionnelle.

Manque d'assertivité	Formulation assertive
- Inutile d'y penser, je suis sûr du refus de mon patron.	- Je vais essayer de convaincre la direction.
- Je me demande pourquoi je suis convié à cette réunion.	- Je vais demander pourquoi je suis convié à cette réunion.
- Je ne sais vraiment pas quoi faire de ce dossier.	- Sais-tu qui peut me dire comment on traite ce genre de dossier?
- Faites-moi cela le plus vite possible.	- Pensez-vous pouvoir terminer pour jeudi midi?
- Je suis très occupé et je vous verrai plus tard.	- Je n'ai pas le temps maintenant. Peut-on se voir à 16 h?
- Je me demande ce que la direction pense de mon travail.	- Je vais demander un entretien à mon patron.
- Cette fois-ci, il va m'entendre!	- Je vais lui expliquer pourquoi c'est inepte.
- J'ai obtenu le feu vert de la direction pour réaliser le projet de concours pour les vendeurs.	- Votre projet était excellent et a été adopté en comité de direction.
- Je dois pouvoir m'arranger pour finir de dépouiller cet appel d'offres pour la fin du mois.	- Non, je ne pourrai pas commencer à m'en occuper avant le 25 du mois.
- Naturellement, vous n'en avez pas parlé au comptable?	- Avez-vous pensé à avertir la comptabilité?
- Je vous tiendrai au courant de la suite que nous pouvons donner à votre candidature.	- Je regrette, mais vous n'avez pas la qualification requise pour ce poste.

Cette conception est inexacte: l'assertivité est une méthode à part, développée par des chercheurs, qui peut être exposée et utilisée sans aucune référence à l'analyse transactionnelle; c'est d'ailleurs l'approche que nous préconisons dans ce livre.

C'est, à notre sens, la plus simple des techniques pour améliorer la communication; elle est accessible à tous en deux ou trois jours de formation. Certes, les progrès personnels, qui dépendent du niveau de départ, ne se réaliseront qu'en pratiquant quotidiennement des exercices. Mais ceux-ci sont tous très simples et produisent rapidement des effets positifs. La seule lecture de ce livre doit suffire à vous donner envie d'avancer dans tous les champs de votre vie, de construire votre plan de progression et de le mettre en œuvre. Dès que vous aurez franchi les premiers échelons, la facilité de la démarche vous incitera sans doute à poursuivre jusqu'à un niveau satisfaisant, par exemple dans le domaine professionnel. Le succès appelant le succès, sans doute aurez-vous ensuite envie de vous occuper de votre vie personnelle; comme vous le verrez plus loin, la progression est infinie..., et les avantages à en retirer sont extrêmement variés.

Citons les plus importants dans le cadre de la vie professionnelle.

— Tous les membres de l'entreprise (collaborateurs, pairs, supérieurs) sont respectés et collaborent ainsi à l'amélioration du climat social.
— On n'a plus jamais affaire à une fonction (que va dire la production?), mais à un individu chargé de remplir cette fonction et avec lequel on établit des rapports personnalisés.
— Les opinions ou les réserves vis-à-vis d'un projet sont clairement exposées avant sa mise en œuvre, et non en cours d'exécution, ce qui évite la critique implicite.
— Les objectifs de chacun sont clairement définis, ainsi que le niveau de performance attendu; ces objectifs sont acceptés et négociés.

— La qualité du travail est appréciée et reconnue.
— L'incompétence est identifiée: on cherche des solutions pour y remédier.
— Les conflits sont abordés de front avec l'intention de les résoudre.
— La contestation n'est pas perçue comme une rébellion contre l'autorité, mais comme un moyen légitime de faire valoir certaines idées personnelles, de défendre certaines valeurs, d'imaginer d'autres solutions plus créatives ou plus efficaces.
— Chacun cherche d'abord à résoudre ses problèmes à son niveau, sans les transmettre automatiquement au niveau supérieur.
— Des relations autres que strictement professionnelles se créent entre les collaborateurs, générant ainsi un climat social sympathique.
— Ce n'est pas seulement une partie des collaborateurs qui applique ces principes, mais l'ensemble du personnel de l'entreprise, contribuant ainsi à créer un style de communication qui lui soit propre.

À l'opposé, l'absence quasi totale d'assertivité dans une entreprise conduit souvent à une démotivation complète du personnel pour les cinq raisons principales suivantes:
— La qualité du travail n'est pas explicitement reconnue; dans le pire des cas, elle est «récupérée» par le personnel d'encadrement au détriment des collaborateurs.
— Les conflits sont abordés de façon agressive et ne trouvent donc pas de solutions.
— La passivité s'installe progressivement: si rien n'est fait pour encourager l'initiative, rien n'est fait non plus pour décourager l'apathie.

— La contestation n'a pas droit de cité: il faut «se soumettre ou se démettre»; c'est souvent à la démission des meilleurs que conduit ce climat d'entreprise.
— Les relations demeurent strictement professionnelles, et souvent l'ennui et la morosité s'installent.

Je ne sais plus quel futurologue a dit: «Malheur aux entreprises dans lesquelles on s'ennuie, ce seront les premières condamnées.» L'assertivité n'est pas un outil conçu pour lutter contre l'ennui, mais se révèle très efficace pour combattre certaines de ses causes, notamment l'isolement, la solitude et la difficulté à bien communiquer.

II. L'ASSERTIVITÉ NATURELLE ET CE QUE NOUS EN FAISONS

Le comportement des enfants très jeunes, de trois ou quatre ans, a généralement une très forte composante assertive, qu'ils perdent, hélas! très souvent par la suite en raison de l'éducation qu'ils reçoivent: il s'agit de la spontanéité d'expression des sentiments et des besoins. Entourés d'adultes connus ou inconnus, l'enfant les suppose bienveillants et prêts à l'aider. À n'importe lequel d'entre eux, il va demander de nouer ses lacets de chaussure, de lui faire une tartine, d'ouvrir une porte dont la poignée est difficile à tourner. Toutes ces demandes d'aide, qui sont l'un des points clés de l'assertivité, et sur lesquelles nous reviendrons, sont naturelles et généralement suivies de l'effet escompté. En règle générale, l'enfant un peu plus âgé a aussi une attitude spontanément assertive dans ses demandes d'explications ou dans ses remarques adressées aux adultes.

«Pourquoi t'es pas marié avec Christine (à Michel, qui vit avec elle depuis plusieurs années)?»

«Comment fais-tu pour enlever tes dents (à sa grand-mère qui ôte son appareil pour la nuit)?»

«Il est pas bon, ton gâteau, il est tout sec.»
«Pourquoi tu fumes tout le temps? Ça sent mauvais.»
«Pourquoi la dame elle a un gros ventre?»
«Elle est trop salée, la purée.»
«À quoi ça sert les pilules?»
Etc.

Contrairement aux cas précédents qui sont sans conséquences, l'enfant va vite apprendre que certaines de ses remarques sont désobligeantes (ou risquent d'être perçues comme telles), et qu'on peut lui en tenir rigueur. On lui enseigne ainsi, sans le lui dire, qu'il existe un risque associé à ses interventions. Dès qu'il aura bien compris ce message, s'il juge cet inconvénient trop élevé pour lui (et c'est en général le cas), il va perdre progressivement son assertivité naturelle pour devenir une petite fille ou un petit garçon bien élevé, au détriment de sa spontanéité qu'il aura peut-être bien du mal à retrouver par la suite. Informer un enfant des dangers qu'il court est une chose, l'inciter à ne jamais en courir en est une autre. La meilleure attitude possible est sans doute de l'informer en permanence pour qu'il évalue lui-même le risque couru (en cas d'échec) et le plaisir de la réussite. En fonction de ces deux paramètres et de son tempérament, il décidera lui-même de tenter sa chance ou de renoncer. En ce qui me concerne, je n'ai pas eu le bonheur de bénéficier de cette forme d'éducation, qui n'est pas encore très répandue aujourd'hui. C'est sans doute la raison pour laquelle les enfants d'une dizaine d'années ont perdu la quasi-totalité de l'assertivité dont ils faisaient preuve vers quatre ou cinq ans.

À l'âge adulte, on pense également qu'il est «raisonnable» d'adopter certaines attitudes et, au contraire, qu'il en est d'autres qu'il ne sied pas de manifester, quelle que soit l'envie qu'on puisse en avoir. Combien de personnes, face à quelqu'un qui représente la compétence ou l'autorité, sauront lui faire part d'une intime conviction en désaccord avec celle qu'il représente? Dans un domaine tout à fait différent, lorsqu'on éprouve de la gratitude ou de l'admiration pour un tiers, est-on réellement capable de la lui témoigner sans emphase ni flagornerie? Lorsqu'on a besoin d'aide, dans une situation difficile, est-on encore capable de faire appel à un proche en supposant tout naturellement que notre demande sera entendue? Le plus souvent, on craint tellement d'essuyer un refus que l'on n'ose même pas entreprendre la démarche.

Face à un dentiste qui vous présente une facture de cent vingt dollars pour une consultation de quinze minutes, lui direz-vous que vous trouvez cela trop cher, ou vous contenterez-vous de quitter son cabinet en vous promettant de ne jamais y revenir?

Face à votre supérieur hiérarchique qui vous demande d'assurer (exceptionnellement) une permanence alors qu'un accord tout à fait différent avait été pris, savez-vous dire «non» et défendre votre bon droit, ou acceptez-vous en soulignant le rôle de victime qu'il (ou qu'elle) vous fait encore jouer?

Vous rencontrez dans une soirée une personne que vous jugez très attirante et que vous souhaitez revoir. Savez-vous comment vous y prendre ou allez-vous perdre tous vos moyens... et également l'occasion de la revoir?

Face à votre compagnon (ou compagne), à votre enfant en pleine crise d'adolescence et en rébellion contre vous, à un commerçant indélicat, à un vendeur par trop agressif, à un directeur autoritaire ou manipulateur, à un automobiliste discourtois, êtes-vous toujours satisfait de l'attitude que vous adoptez?

Si l'un de vos collaborateurs a eu une heureuse initiative, lui exprimez-vous immédiatement votre satisfaction? En est-il de même vis-à-vis de vos fournisseurs, des enseignants de vos enfants, de tous ceux qui vous rendent service ou qui ont su vous faire plaisir?

Abordant l'étude d'un dossier difficile (ou la confection d'un plat compliqué), irez-vous spontanément solliciter les conseils d'un collègue (ou d'un ami) plus compétent ou essayerez-vous de vous débrouiller seul?

Examinez les passagers d'un train à leur arrivée. Combien, parmi les plus âgés, osent demander de l'aide pour descendre leurs bagages?

Dans certains cas, notre gêne ou même notre refus de chercher à communiquer traduisent la limite de notre maîtrise de la communication. C'est la frontière de ce que nous présenterons plus loin sous le nom de «zone de confort». Idéalement, aucune crainte ne devrait nous empêcher de nous exprimer dans une société qui a fait de la liberté d'expression un de ses chevaux de bataille. Néanmoins, la réalité est souvent fort différente, et nous avons généralement des difficultés de communication, dans un domaine précis, propre à chacun de nous. Encore faut-il l'identifier clairement avant de décider d'une action pour restreindre cette gêne: s'agit-il de la communication avec les subordonnés, avec les collaborateurs de l'autre sexe, avec la hiérarchie, avec des inconnus...?

L'objet de ce livre est, d'une part, de vous permettre de prendre nettement conscience de ce problème et, d'autre part, de vous donner les moyens d'en limiter les effets, d'accroître en quelque sorte ce que les mathématiciens nomment le nombre de degrés de liberté d'un système, en l'occurrence, de votre système de communication.

III. LES PRINCIPAUX USAGES DE L'ASSERTIVITÉ

Vous trouverez ci-après quelques exemples des situations les plus fréquentes dans lesquelles les méthodes de l'assertivité peuvent apporter une aide très appréciable.

1. Dire «non» et accepter un refus

> *Presque tous les hommes sont esclaves, par la raison que les Spartiates donnaient de la servitude des Perses, faute de savoir prononcer la syllabe «non». Savoir prononcer ce mot et savoir vivre seul sont les deux seuls moyens de conserver sa liberté et son caractère.*
>
> CHAMFORT. «Produits de la civilisation perfectionnée», maxime 289, *Maximes, pensées, caractères et anecdotes.*

S'accoutumer à dire «non» sans agressivité est sans doute l'un des points les plus exigeants de l'assertivité: la difficulté majeure réside dans la nécessité d'être très ferme sans être agressif, et surtout dans le fait de ne pas ressentir un besoin immédiat de justification, ce qui fait douter l'interlocuteur de la fermeté de la prise de position, et lui donne immédiatement envie d'opposer des arguments à cette décision.

L'un de vos collègues entre dans votre bureau pour vous emprunter vingt dollars «pour la journée». Il a oublié son portefeuille et n'a même pas de quoi s'acheter des cigarettes. Vous savez, par expérience, qu'il vous faudra quinze jours et de nombreux rappels pour récupérer cet argent; vous avez décidé de refuser. Vous avez le choix entre plusieurs réponses du style suivant:

— Non, je ne veux pas te prêter vingt dollars.

— Non, je suis désolé, je ne les ai pas.

— Non, cela m'ennuie, j'ai très peu d'argent sur moi.

— Non, peux-tu demander à quelqu'un d'autre?

— Non, j'aimerais bien te rendre ce service, mais cela m'ennuie.

De toutes ces réponses, seule la première semble sans appel. Toutes les autres vont donner lieu à une argumentation de sa part pour vous persuader de changer d'avis.

Dix fois par jour, vous avez l'envie et l'occasion de dire «non», mais combien de fois le faites-vous?

Inversement, lorsqu'un tiers répond «non» à l'une de vos demandes, avez-vous prévu cette réponse et êtes-vous prêt à l'accepter sans remettre en cause votre estime de soi ou vos relations avec lui?

Il vous reste une semaine de vacances à prendre et vous souhaitez partir au moment de Noël, bien que cette période soit celle d'une intense activité pour l'entreprise. Vous posez assertivement la question, après avoir soigneusement préparé votre argumentation. Avez-vous prévu le cas d'un refus? Serez-vous capable d'en comprendre le bien-fondé et de ne pas en vouloir personnellement à son auteur?

2. Mieux dire «oui»

En règle générale, dire «oui» semble très simple et ne poser aucun problème. Toutefois, on peut isoler certains cas plus ardus que d'autres.

Vous venez de présenter un projet de campagne de publicité dont vous êtes l'auteur et le responsable chez un client potentiel de l'agence qui vous emploie. À l'issue de votre présentation, le directeur général de l'entreprise vous dit: «Votre projet me semble excellent, et je crois que nous allons le retenir. C'est vous qui l'avez préparé?» Savez-vous bien dire «oui»?

Directeur des ventes depuis trois ans, vous obtenez de bons résultats. Le directeur général vous convoque dans son bureau pour vous tenir le discours suivant: «Vous avez obtenu, depuis trois ans, d'excellents résultats, et j'aimerais avoir plus de collaborateurs de votre qualité. J'ai décidé de vous confier la direction des ventes et du marketing de l'une de nos filiales à l'étranger.» À supposer que vous en soyez ravi, savez-vous bien dire «oui»?

En règle générale — sans doute parce que l'orgueil figure depuis trop longtemps au rang de péché capital —, nous sommes souvent embarrassés en entendant des propos que notre modestie nous fait croire trop élogieux, et nous avons alors bien du mal à dire «oui».

3. Commencer une relation

Suivant les conseils d'un animateur très expérimenté, je commence souvent mes stages en disant qu'un auditoire inconnu m'impressionne, ce qui est généralement vrai: les deux ou trois premières minutes du stage sont tout à fait décisives pour l'image que les participants vont se faire de l'animateur: est-il sympathique, pédant, routinier, ennuyeux, cordial, intéressant? Cette confidence me permet ensuite de parler d'autre chose, ayant ainsi «évacué» le trac des premières minutes, et de donner l'image de quelqu'un qui sait reconnaître un point faible, ce qui est la première condition pour progresser.

À défaut de prendre la parole en public, savez-vous quoi dire lorsque vous rencontrez pour la première fois un nouveau collaborateur (client, directeur, collègue)? Êtes-vous capable d'entrer en contact avec quelqu'un que vous souhaitez rencontrer et qui n'a guère de raison particulière de vous parler? Plus généralement, pouvez-vous, lorsque vous en avez envie ou que cela se révèle nécessaire, vous présenter simplement à un inconnu, lui faire savoir l'objet de votre intervention, lui poser la question qui vous embarrasse et le remercier lorsque vous avez terminé votre entretien?

4. Demander ou refuser

Pour obtenir quelque chose, l'une des conditions essentielles de succès est bien évidemment de le demander. C'est certes une condition nécessaire mais pas toujours suffisante, cela va de soi. Encore faut-il être capable de le faire. Pouvez-vous sans problème demander:

— à un collègue de relire le document que vous venez de rédiger pour qu'il vous fasse part de ses commentaires avant la diffusion?
— à votre patron de vous aider à préparer l'intervention qu'il vous a prié de présenter au prochain comité de direction?
— une augmentation au responsable concerné?
— un mois de congé sans solde pour finir la construction de votre bateau ?
— au président de ne pas fumer le cigare dans votre bureau?
— à votre assistante de changer de parfum?
— à votre patron de regarder un peu moins vos jambes et un peu plus ses dossiers?

De la même façon, savoir dire «non», c'est répondre par la négative à l'une ou l'autre de ces demandes si vous le jugez opportun.

5. Critiquer et complimenter

L'assertivité sert aussi à développer notre aptitude à émettre des critiques constructives, sans agressivité, ou à formuler de vrais compliments lorsqu'ils sont justifiés et qu'ils reflètent réellement notre jugement.

Êtes-vous capable aujourd'hui:
— de dire à un fournisseur que vous êtes très satisfait de ses services?
— de dire à votre patron que vous n'avez jamais été aussi heureux que depuis que vous travaillez avec lui?
— de dire au responsable de l'entretien qu'il ne fait le ménage qu'à moitié dans votre bureau?
— de faire remarquer au dernier arrivé que la réunion était prévue à quatorze heures et que huit personnes l'attendent depuis dix minutes? (au lieu de passer dix minutes

à rappeler à tous ceux qui sont arrivés à l'heure que «l'exactitude est la politesse des rois» et de commencer la réunion à l'arrivée du dernier, sans faire aucune allusion à son retard)

— d'expliquer à un de vos collaborateurs qu'il a atteint son seuil d'incompétence et qu'il n'a réalisé aucun progrès depuis un an?
— de rendre à votre supérieur le dossier qu'il vous a fait lire en exprimant librement vos réserves au sujet du projet?

6. Développer l'intimité

Être capable, dans un cadre professionnel, de développer de réelles relations d'intimité avec certains collègues est certainement la forme la plus gratifiante de l'assertivité. Ce style de relation, plus profond et plus vrai, permet de construire une passerelle entre la vie personnelle et la vie professionnelle. Nous pouvons ainsi enrichir notablement notre vie au travail en l'entrecoupant d'instants de réelle intimité qui constituent de brefs moments privilégiés, comme ceux que nous partageons avec nos amis. Eu égard au temps que nous passons dans l'entreprise, il est indispensable d'y trouver aussi des moments de plaisir. Des relations d'intimité permettront d'atteindre cet objectif.

Depuis plusieurs années, j'ai animé de nombreux stages sur le thème de l'assertivité. Au dire de ceux qui les ont suivis, l'efficacité de la démarche est le résultat le plus surprenant: même ceux qui doutaient le plus, mais qui ont accepté de faire une ou deux expériences, ont été vivement surpris. Et pourtant... quelle simplicité dans la démarche! Quoi de plus simple que de demander pour obtenir quelque chose? Cette évidence est pourtant l'une des bases de la démarche assertive et conduit, sous certaines réserves, à d'étonnantes conséquences.

IV. RÉSUMÉ

L'assertivité est l'aptitude, face à une situation quelconque, à définir clairement sa position, à la faire connaître, à la défendre sans agressivité tout en admettant des positions différentes de la part des autres. Cette aptitude se manifeste par la mise en œuvre d'une attitude d'écoute alternant avec l'exposé clair de son propre point de vue.

Les principaux avantages du comportement assertif dans l'entreprise sont:

— le respect des valeurs humaines;
— une meilleure communication à tous les niveaux et entre les niveaux;
— des objectifs clairs, négociés et acceptés;
— la recherche permanente de solutions aux problèmes et aux conflits qui sont abordés de front avec la volonté de les résoudre;
— la formulation claire des opinions évitant ainsi la critique implicite.

Les enfants très jeunes sont naturellement assertifs, puis perdent cette qualité quand l'éducation prend le pas sur leur spontanéité; d'où la nécessité de la recouvrer ensuite.

En pratique, une bonne maîtrise de l'assertivité permet de parvenir aux résultats suivants dans ses relations professionnelles:

— dire «non», savoir accepter un refus;
— mieux dire «oui»;
— entrer en relation avec un inconnu;
— formuler clairement une demande ou un refus;
— émettre sur un ton juste les critiques ou les compliments;
— développer des relations d'intimité avec les personnes choisies.

Chapitre II

Les quatre attitudes fondamentales

Afin de mieux cerner le type de comportement qui est habituellement le vôtre dans vos relations personnelles et professionnelles (elles sont rarement très différentes), faites le test suivant, qui va vous permettre de définir vos comportements dominants parmi quatre types fondamentaux.

TEST

Répondre spontanément en mettant en face de chaque question:
- un V (plutôt vrai) si vous pensez ou agissez la plupart du temps de cette façon;
- un F (plutôt faux) si vous pensez ou agissez rarement de cette façon.

Afin de ne pas fausser les résultats, il est préférable de répondre à toutes les questions même si vous éprouvez des difficultés à le faire ou si vous avez des doutes. Cherchez simplement à discerner votre comportement le plus fréquent. Une réponse erronée est préférable à une absence de réponse.

Dans les discussions ou les réunions professionnelles:

1. ❑ Je me réfugie souvent dans le rêve.
2. ❑ Je défends mes idées avec conviction.
3. ❑ Je sais éviter les conflits, car ils ne conduisent nulle part.

4. ❑ Je sais impressionner mon interlocuteur.
5. ❑ Celui qui parle le plus a l'avantage dans le débat.
6. ❑ Je cultive volontiers le paradoxe.
7. ❑ Je perds rarement mes moyens.
8. ❑ Souvent je n'ose pas dire «non» même si j'en ai envie.
9. ❑ Je peux répéter une idée que je désapprouve.
10. ❑ Je sais faire l'âne pour avoir la parole.
11. ❑ Je sais que je vais gagner quand mon interlocuteur est pris de court.
12. ❑ Il faut savoir déstabiliser son interlocuteur.
13. ❑ Je n'ai pas de préjugé envers mes interlocuteurs.
14. ❑ Je préfère ne pas exprimer mes idées en face de certains interlocuteurs.
15. ❑ Il m'arrive de perdre le fil de la discussion.
16. ❑ Les arguments définitifs laissent l'autre sans voix.
17. ❑ Je sais faire parler les autres pour disposer d'un réseau personnel d'information.
18. ❑ Je suis attentif aux propos de l'autre.
19. ❑ Je préfère m'abstenir plutôt que d'affronter une situation conflictuelle.
20. ❑ Je sais imposer mes idées.
21. ❑ Je peux défendre brillamment un point de vue que je désapprouve.
22. ❑ Je peux manifester calmement mon désaccord total.
23. ❑ J'abandonne souvent la discussion faute de savoir défendre mes idées.
24. ❑ Je suis à l'aise dans le conflit.
25. ❑ Je suis capable de dire que je n'ai pas compris une idée.
26. ❑ Il est parfois utile d'être de mauvaise foi.
27. ❑ Dans un dialogue, il y a un gagnant et un perdant.
28. ❑ Je me sens mieux en dehors du débat qu'au cœur de la mêlée.
29. ❑ Je sais attirer l'attention et susciter l'écoute de l'autre.
30. ❑ Je préfère me taire plutôt que risquer de dire une bêtise.

31. ❑ Nul n'est tout à fait insensible à la flatterie.
32. ❑ Je ne crains pas d'embarrasser mon interlocuteur.
33. ❑ Je sais que parler le premier est un risque inutile à prendre.
34. ❑ Je n'ai peur de personne.
35. ❑ Je me reconnais le droit à l'erreur ainsi qu'à mon interlocuteur.
36. ❑ Il m'arrive de ne pas oser exprimer une idée qui me semble pourtant intéressante.
37. ❑ La contradiction m'amuse.
38. ❑ Je défends réellement et sincèrement mes idées.
39. ❑ Il n'est pas toujours opportun de dire tout ce que l'on pense.
40. ❑ Je regrette souvent de ne pas oser tout dire.
41. ❑ Même quand on me consulte, il m'est pénible d'exprimer clairement ma position.
42. ❑ Diviser pour régner est un principe qui est toujours efficace.
43. ❑ Je prends rarement la parole spontanément.
44. ❑ Il faut savoir se mettre en colère.
45. ❑ Sans toutefois le rechercher, le conflit ne me fait pas peur.
46. ❑ Dans une discussion, je veux sortir gagnant.
47. ❑ Je sais dissimuler mes idées lorsque je pense qu'elles ne seront pas partagées.
48. ❑ Je suis capable de changer d'opinion sans me sentir manipulé.

Dépouillement

Comptez 1 point chaque fois que vous avez répondu «vrai» à l'une des questions. Reportez vos points dans les colonnes ci-après en face du numéro de la question correspondante.

	Fuite	Assertivité	Manipulation	Agressivité
	1	2	3	4
	8	7	6	5
	14	9	10	11
	15	13	12	16
	19	18	17	20
	23	22	21	24
	28	25	26	27
	30	29	31	32
	36	35	33	34
	40	38	39	37
	41	45	42	44
	43	48	47	46
TOTAL	11	4	6	3

Effectuer maintenant le total pour chacune des colonnes, afin d'obtenir une note sur 12.

Figure 1: Quatre attitudes pour vos relations

Le diagramme ci-contre (Figure 1) illustre les quatre attitudes possibles envers vos interlocuteurs. Deux axes le divisent en quatre quadrants.

L'**axe vertical** représente l'intérêt pour autrui.

Vers le bas de la page, cet intérêt est quasi nul: c'est le comportement des ermites, de ceux qui ont fait le choix de la solitude, ou de ceux qui parlent sans jamais écouter et qui ne prêtent aucune attention aux autres. C'est une attitude de fermeture, de repli sur soi-même, soit par timidité, soit par excès d'assurance et manque d'écoute.

À l'opposé, vers le haut de la page, on trouve l'attitude d'écoute attentive et d'intérêt pour l'autre. C'est une position d'ouverture, de sociabilité, et donc un facteur favorable à la communication.

L'**axe horizontal** symbolise le degré de franchise dans les relations.

À gauche se situe la dissimulation, c'est-à-dire la décision délibérée de taire des idées ou des opinions personnelles que l'on peut avoir, soit en raison du manque d'intérêt que l'on porte à son interlocuteur, soit par la crainte des conséquences prévisibles.

Vers la droite, figure au contraire l'attitude de franchise, celle qui consiste à exposer systématiquement sa pensée, parfois même sans réfléchir aux conséquences de ce comportement: quel que soit le résultat attendu, ou sans même en espérer un, certains individus ont toujours besoin d'exposer franchement leurs idées.

Remarquons d'emblée qu'un excès dans chacune de ces attitudes peut constituer un grave défaut de communication. Le repli complet conduit à un désintéressement vis-à-vis d'autrui et à une vie solitaire par mépris de ses semblables ou par crainte de leur jugement. L'excès d'attention à autrui conduit souvent à une attitude de victime qui consacre sa vie à l'écoute des autres en négligeant ses propres objectifs et ses propres idées (qui sont jugées sans intérêt pour les autres). C'est un comportement de suiveur inconditionnel. La dissimulation est le défaut de ceux qui ne s'engagent jamais, louvoient entre les opinions en retournant leur veste sans jamais prendre parti. Trop de franchise conduit souvent à la brutalité, qui mène elle-même souvent à la rupture de la relation en raison du peu de nuances apporté au dialogue et de son corollaire, le manque d'écoute.

Il n'est pas rare d'observer, lors du dépouillement de ce test, des notes élevées pour deux zones voisines:

Agressivité — assertivité: ce résultat révèle que votre attitude (que vous croyez assertive) est souvent perçue comme agressive en raison sans doute d'un manque d'écoute de votre part ainsi que d'un excès de franchise.

Manipulation — assertivité: des scores élevés dans ces deux domaines traduisent souvent un doute face à l'assertivité. N'étant pas persuadé qu'il s'agit le plus souvent de l'attitude la plus efficace, vous avez souvent la tentation (à laquelle vous succombez) de la remplacer par la manipulation. Votre attitude dominante est toujours un vif intérêt pour autrui.

Fuite — agressivité: plus rare, ce cas témoigne souvent d'une attitude de fuite très caractérisée, au point d'agresser tous ceux qui tenteraient de vous en faire sortir. Votre attitude dominante est une attitude de repli.

Fuite — manipulation: ces deux notes élevées confirment également votre attitude de fuite, mais vous la savez inefficace dans certains cas, et vous préférez alors tenter une manœuvre manipulatrice pour parvenir à vos fins. Vous demeurez ainsi dans la dissimulation.

Nous allons maintenant examiner les quatre attitudes définies par le graphique, et nuancer cette première approche.

I. L'ATTITUDE DE FUITE

Cette première attitude se caractérise à la fois par un repli sur soi-même et par une profonde dissimulation. Poussée à l'extrême, elle ressemble à un comportement d'ermite, de solitaire refusant toute communication. De fait, elle se rencontre rarement sous cette forme, mais certains croient bon de l'adopter dans le seul cadre de leur vie professionnelle.

Jacques est chercheur dans un organisme où il poursuit depuis de nombreuses années de vagues travaux en sociologie. Sous prétexte de compléter sa documentation, il passe le moins de temps possible à son bureau, connaît à peine ses collègues, communique à sa hiérarchie le minimum indispensable d'information sur ses travaux pour ne pas être importuné. En fait, sa vie est ailleurs: c'est un passionné de musique. Il joue (fort bien) de cinq ou six instruments. Dès qu'il quitte son milieu professionnel, où il est perçu comme un ours, il rejoint des amis pour répéter leur prochain concert et il passe ses soirées à exécuter ou à écouter de la musique; c'est un compagnon jovial et apprécié. Il a délibérément sacrifié une partie de sa vie à un travail qui pourrait l'intéresser, mais dans lequel il s'investit si peu qu'il n'en retire aucune satisfaction personnelle.

Sans qu'il soit aussi prononcé, un comportement de fuite des titulaires a souvent été observé à des postes subalternes et routiniers. Les employés sont là depuis longtemps sans espoir de promotion. Ils sont peu motivés, désabusés, craignent la hiérarchie et recherchent avant tout la tranquillité. Ils ne souhaitent ni une participation plus active à la vie de l'entreprise ni des responsabilités, mais un acheminement tranquille vers la retraite. Un minimum de considération suffit souvent pour restaurer le dialogue avec eux, mais il est difficile de leur faire faire le premier pas. On rencontre également cette attitude chez les chercheurs, accoutumés à travailler seuls, et qui considèrent que le temps consacré à la communication est perdu pour la réflexion, seule activité digne de leur attention.

Le manque de communication n'est pas le seul symptôme de l'attitude de fuite. Dans le domaine du travail, ceux qui se réfugient dans cette attitude peuvent adopter plusieurs autres comportements.

— L'inaction est le symptôme le plus fréquent: ils jugent le travail sans intérêt, le négligent ou l'entreprennent de façon à remplir au mieux leurs journées creuses. Ils sont capables de réaliser en une semaine une tâche qui en demanderait quelques heures, ou de rester longtemps sans rien faire. Il en résulte souvent un état dépressif. Ils n'avouent jamais qu'ils sont sous-employés, bien au contraire: quel que soit le volume de travail qu'ils ont à réaliser, ils se prétendent toujours occupés à plein temps. Ce comportement s'accompagne évidemment d'un intérêt tout à fait réduit pour le travail.

— Paradoxalement, l'agitation peut également résulter d'une attitude de fuite: sans accorder de réelle attention à aucune des tâches à réaliser, ils passent de l'une à l'autre sans en faire avancer aucune. Débordés en permanence du seul fait de leur manque d'organisation et d'intérêt, ils s'épuisent en faisant croire à une surcharge insupportable de travail.

— La suradaptation: incapables de prendre la moindre initiative, ils se contentent de réaliser point par point tout ce qui est demandé, sans établir eux-mêmes de hiérarchie ou de priorités. C'est le refus complet de tout investissement personnel. Concrètement, ce comportement se traduit souvent par des formulations du style: «Au prix où je suis payé, j'en fais toujours assez.»

— La violence: elle est dirigée vers eux, rarement vers les autres, à la différence de celle de l'attitude agressive. Les symptômes les plus fréquents sont: absentéisme répété dû à l'apparition de maladies psychosomatiques, migraines, ulcères, problèmes de dos, état dépressif, etc.

L'attitude de fuite limite considérablement la communication, et ceux qui l'ont adoptée rejettent toute forme de satisfaction ou de plaisir dans leur travail. Le remède préconisé est de changer progressivement d'attitude pour passer du repli complet à un minimum d'intérêt pour autrui. Pour atteindre cet objectif, la meilleure méthode est de rechercher dans l'entreprise des partenaires qui semblent partager certaines de vos valeurs, et de nouer avec eux une relation privilégiée. Cette initiative se développera ensuite tout naturellement jusqu'aux limites que vous lui fixerez.

II. L'ATTITUDE D'AGRESSIVITÉ

Sylvie attend depuis plus d'une heure une télécopie d'un important client: il lui a dit qu'il la transmettait immédiatement. Impatiente, elle descend elle-même voir l'employé chargé de la distribution:

«Charles, une télécopie est arrivée pour moi depuis plus d'une heure. Je vous ai répété à plusieurs reprises que je voulais toujours ces documents dans les minutes qui suivent... Maintenant, trouvez-la-moi, et en vitesse.

– Mais Madame...

– Il n'y a pas de «mais»: cherchez et apportez-la-moi.»

Charles cherche en vain et retourne voir Sylvie une demi-heure plus tard:

«Je suis désolé, je ne l'ai pas trouvée. Peut-être pourriez-vous demander une copie?

– Vous êtes vraiment incroyable... Je vais avoir l'air de quoi? Je suis sûre que vous l'avez remise à quelqu'un d'autre... Merci quand même!»

Sylvie téléphone à son client, le prie de l'excuser, lui demande s'il est possible qu'il renvoie la télécopie et apprend qu'elle n'est pas encore partie: le client souhaitait apporter des modifications au texte avant de l'envoyer.

Dans le service de Sylvie, tout le monde est, tour à tour, victime de son agressivité. Ses collaborateurs ont très peu de considération pour elle, et ses agressions quotidiennes ont une influence néfaste sur la qualité du travail. De plus, elle ne prend jamais la peine ou le temps de souligner au passage un ouvrage bien fait: toute son énergie passe dans les reproches, justifiés ou non.

Les agressifs sont persuadés de leur efficacité personnelle et convaincus que les autres, beaucoup moins efficaces, ont besoin d'être secoués. Petits ou grands chefs, ils font régner la terreur dans leur unité et admettent difficilement la contradiction. Craints, méprisés, et souvent haïs par leurs collaborateurs, ils sont souvent suffisants et n'ont aucune conscience de leur image. Très exigeants envers eux-mêmes, ils n'ont aucun respect pour leurs collègues. Ils ne se rendent pas compte du climat désastreux qu'ils instaurent et du rendement dérisoire du travail qui en résulte généralement.

Seule une attitude très assertive commune à toute l'équipe est capable de leur faire remettre en cause ce comportement: c'est seulement en résolvant de multiples conflits que peut se résorber peu à peu cette agressivité. Très souvent, les agressifs réservent cette attitude au seul domaine professionnel et sont plus passifs ou réservés dans leur vie personnelle.

III. L'ATTITUDE DE MANIPULATION

Cette troisième attitude révèle à la fois un intérêt certain pour l'autre et une dissimulation sélective ayant pour but de ne délivrer que les messages permettant d'arriver à ses fins. Souvent efficace, le danger de la manipulation est de la voir découverte, et de perdre ainsi la confiance de celui qui en a été victime.

....

Georges et Michel doivent assurer une permanence au cours de la fin de semaine dans une exposition, à l'étranger. Chacun d'entre eux préférerait disposer du samedi entier pour visiter la ville, et travailler le dimanche, journée relativement calme sur le stand. Par ailleurs, Georges a appris que le directeur général de l'entreprise serait de passage le samedi... Sans faire part de cette information à Michel, il estime opportun d'être seul pendant cette journée.

«Pour la fin de semaine, crois-tu indispensable d'être deux sur le stand en permanence?

– Le samedi peut-être? Il y a parfois beaucoup de monde. Mais sûrement pas dimanche. On pourrait peut-être prendre chacun une demi-journée dimanche?

– Si tu veux. Mais l'an dernier, il n'y avait pas grand-monde le samedi non plus. Tout est ouvert en ville. Que penserais-tu d'une journée chacun?

– Si tu crois que ça ne posera pas de problème...

– Pas du tout. Moi, je connais déjà la ville. Tu peux profiter du samedi: tu n'auras qu'à me téléphoner en milieu de journée, et s'il y a un problème, tu me rejoins, d'accord? (Il y aura un problème! Le directeur général sera passé le matin...)

– C'est très chic de ta part. On fait comme ça, et je t'appelle vers midi.»

Michel découvrira un peu tard le pot aux roses et classera Georges parmi les manipulateurs dont il convient de se méfier.

Ces derniers, fréquents parmi les ténors politiques dont nous admirons les prestations à la télévision, existent à tous les niveaux de la hiérarchie. Souvent intelligents, mais retors et dissimulateurs, ils progressent aux dépens de leur entourage jusqu'au seuil d'incompétence de leur capacité à manipuler: aussitôt découverts, ils perdent en même temps leur crédibilité et la confiance de leurs pairs.

Il est assez facile d'être exclu de leurs manœuvres en leur faisant savoir, à la première occasion, qu'on n'est pas dupe. En effet, ils exercent leurs talents de préférence auprès de ceux qui ont une attitude de passivité; par contre, une attitude assertive les débarrasse rapidement de leur suffisance.

IV. L'ATTITUDE ASSERTIVE

Cette dernière attitude combine deux qualités: une bonne écoute de l'autre et un excellent niveau de franchise. On a le courage et l'envie de dire clairement ce que l'on pense, ce que l'on attend, ce que l'on espère. Une formule lapidaire la caractérise bien: «Ni hérisson ni paillasson.»

Le hérisson, souvent en boule, met en évidence son excès d'agressivité; le paillasson, foulé aux pieds, fait preuve d'un excès de passivité. L'attitude assertive, quant à elle, place au premier plan le respect de soi et des autres.

Reprenons les cas précédents. Jacques, plus assertif, aurait fait part à ses collègues de sa passion pour la musique. Il aurait peut-être éveillé auprès de quelques-uns un vif intérêt pour cet art. Il aurait au moins eu l'image positive d'un original plutôt qu'une étiquette d'ours qui réduit à néant les relations personnelles qu'il pourrait nouer au sein de l'équipe.

Dans le deuxième cas, Sylvie aurait pu s'informer courtoisement auprès de Charles de l'arrivée éventuelle de la télécopie, demander une vérification attentive avant de rappeler son interlocuteur pour connaître la raison de l'absence du document. Elle aurait évité de mettre automatiquement en cause la compétence et la bonne volonté d'un de ses collaborateurs.

Dans le troisième cas, Georges ne peut arriver à ses fins sans utiliser la manipulation. Il a donc le choix entre l'attitude qu'il a adoptée — qui lui fait perdre la confiance de Michel et gagner (à ses propres yeux du moins) du crédit auprès du directeur général —, ou l'attitude assertive suivante: exposer clairement toutes les données du problème, proposer à Michel d'organiser au mieux leurs loisirs de fin de semaine après le passage du directeur. Michel peut aussi décider librement et en toute connaissance de cause de disposer de son samedi, étant entendu que Georges informera le directeur de ces dispositions. Dans ces conditions, la confiance de Michel lui demeure acquise. D'une façon surprenante, l'attitude assertive est presque toujours la plus naturelle: elle consiste en effet à faire part calmement à son interlocuteur, quel qu'il soit, de ses propres difficultés, besoins, aspirations, sentiments, desiderata... en reconnaissant que ce dernier a le droit de dire «non», et en assumant le risque correspondant. Quelle solution plus simple, par exemple, pour finir rapidement le classement de matériel que de demander de l'aide à un collègue? Le plus gros risque à assumer est qu'il refuse; on se retrouve alors au niveau de difficulté initial.

V. LA NATURE FLOUE DES FRONTIÈRES ENTRE LES DIFFÉRENTES ATTITUDES

L'ensemble de ces quatre attitudes constitue un «modèle». Comme tout modèle, c'est une représentation simplifiée d'une réalité complexe, dont nous souhaitons préciser les limites.

En premier lieu, personne n'a, en permanence, une seule attitude: nous passons tour à tour de l'une à l'autre. C'est l'attitude la plus fréquente qui crée une image auprès des interlocuteurs. Il est normal de se laisser aller parfois à s'emporter (agressivité) ou de se réfugier dans la fuite face à des situations particulières. La manipulation peut apporter des avantages certains, et il serait dommage de les ignorer. Mais, dans la majorité des cas, l'attitude assertive est la plus satisfaisante et permet d'entretenir les meilleures relations avec l'ensemble des partenaires, collègues, clients, etc.

Par ailleurs, les frontières séparant les quatre attitudes ne sont nettes que sur notre schéma. La réalité est autrement complexe, et les attitudes parfois délicates à qualifier.

— Votre assertivité vous engage à faire savoir à l'un de vos collaborateurs qu'il abuse de votre temps: il entre plusieurs fois par jour dans votre bureau sans s'imaginer qu'il vous dérange, interrompt votre travail. Vous avez décidé de le lui dire afin qu'il mette fin à ce comportement. S'il est très susceptible, il va sans doute se sentir fortement agressé et ressentir ensuite une vive animosité, au moins temporaire, contre vous... Il aura perçu comme agressive une démarche qui, dans votre esprit, était simplement assertive.

— Vous faites, au cours d'une réunion, un compliment mérité à un collaborateur qui a mené à bien une tâche difficile.

Peu assertif, il rougit, bégaie, se sent très gêné et vous soupçonne d'avoir cherché à le mettre mal à l'aise devant ses collègues. Il voit une manipulation là où vous avez estimé avoir fait preuve d'assertivité.

Personne n'a les mêmes repères: c'est ce qui rend la pratique de l'assertivité délicate. Seule l'écoute attentive des interlocuteurs permettra d'avoir une idée juste de l'endroit où ils placent eux-mêmes les frontières entre les différentes attitudes; avec les uns, on peut être assertif sans précautions particulières, avec les autres, il convient d'être plus attentif. Il est prudent aussi de renoncer, dans certains cas, à la liberté d'expression en raison de conséquences fâcheuses et prévisibles. Ces ajustements sont la marque d'une réelle maîtrise de l'assertivité: celle-ci n'est pas un comportement «standard» que l'on peut manifester en toutes circonstances. C'est un comportement «sur mesure» qui dépend toujours de l'interlocuteur, de l'écoute qu'on lui accorde, et de la capacité à bien comprendre son point de vue et sa position, même s'ils sont très éloignés des vôtres.

VI. LE DOSAGE IDÉAL

Selon les circonstances, chacun adopte tour à tour les quatre comportements décrits plus haut. Le test vous a déjà permis d'en savoir plus sur vos propres habitudes. Toutefois, il est possible de définir une sorte de profil type, celui qui vous procurerait la plus grande satisfaction dans vos relations avec autrui. Vous en trouverez le schéma ci-joint (Figure 2).

À de rares exceptions près, l'attitude de fuite passive est la moins gratifiante, celle qui satisfait le moins vos interlocuteurs et détériore vos relations. Il n'y a aucune raison de chercher à la développer; il est au contraire opportun de la limiter autant que possible, au moins dans le milieu de travail. Sur une échelle de 0 à 10, une note voisine de 0 est un bon objectif.

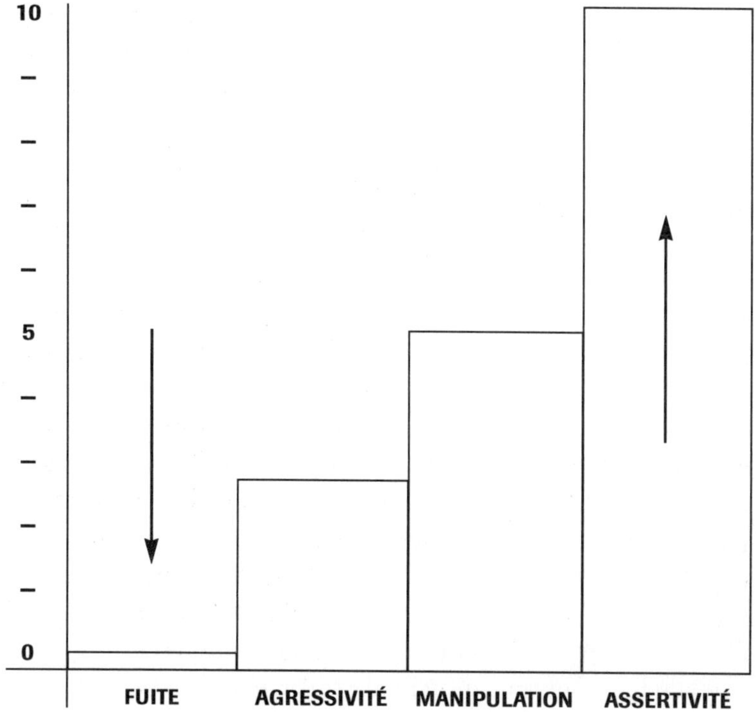

Figure 2: Un profil type idéal

L'attitude agressive présente de sérieux inconvénients lorsqu'elle est trop fréquente. Toutefois, face à certains propos ou agressions dont vous pouvez être victime, elle semble tout à fait souhaitable. Selon la même notation, 2 ou 3 est un score raisonnable.

L'attitude manipulatoire dépend beaucoup du milieu professionnel dans lequel vous évoluez: c'est — sans porter de jugement de valeur — un talent apprécié dans quelques professions et un grave défaut jugé inacceptable dans d'autres. Le monde étant ce qu'il est, une certaine dose de manipulation habile, consciente et occasionnelle peut être très bénéfique. Une note de 5 (plus ou moins) est honnête.

Quant à l'assertivité, il n'existe aucune raison de limiter son développement, tant ses avantages sont supérieurs aux quelques inconvénients qu'elle peut parfois présenter. L'objet de ce livre est de vous aider à la développer autant que faire se peut. Nous vous proposons d'adopter un objectif de 10 sur 10 dans ce domaine.

Le profil type recommandable est celui de la figure 2: l'attitude de fuite est réduite au minimum. Il subsiste un brin d'agressivité qui sert de soupape de sécurité, permettant ainsi de libérer de l'indignation dans des situations particulières. L'attitude de manipulation conserve une certaine importance sans être dominante. C'est bien évidemment l'attitude assertive qui est la plus fréquente et la plus développée, car elle est de loin la plus confortable et la plus efficace pour entretenir de bons rapports avec tous ceux qui nous entourent.

Les deux flèches indiquent ce qui est le plus utile pour progresser:

— limiter autant que possible l'attitude de fuite, de laquelle il est souvent difficile de sortir mais qui ne constitue, de toute façon, qu'un refuge inconfortable;

— développer sans limite l'attitude assertive qui nous aide à créer avec les autres les meilleures relations possibles.

VII. RÉSUMÉ

Un modèle simple d'analyse des comportements dans l'entreprise propose quatre attitudes types repérées selon deux axes: l'un va de la dissimulation à la franchise totale, l'autre du repli sur soi-même à l'intérêt maximum pour les autres, qui se manifeste notamment par l'écoute. Selon les zones définies par ces deux axes, on se trouve dans l'un des quatre cas suivants:

— Agressivité: repli sur soi-même, franchise totale

— Fuite: repli sur soi-même et dissimulation

— Manipulation: bonne écoute de l'autre et dissimulation sélective.

— Assertivité: bonne écoute de l'autre et franchise

Le comportement assertif peut se résumer par la formule: «Ni hérisson ni paillasson.»

Un test permet de déterminer notre tendance à adopter plutôt l'un ou l'autre de ces comportements. Nous ne sommes pas en permanence dans l'une ou l'autre de ces catégories; nous avons un comportement dominant tout en étant capables d'en adopter un autre à l'occasion.

Le modèle type que nous vous proposons est très simple et ne tient pas compte de toute la complexité des relations avec autrui. Il est important de retenir que les frontières entre les comportements ne sont pas toujours très nettes. Nous pouvons, par exemple, être perçus comme agressifs ou manipulateurs en croyant de bonne foi avoir été très assertifs. Le profil idéal est celui qui limite le comportement de fuite, admet un minimum d'agressivité (occasionnellement nécessaire), comporte une dose non négligeable de manipulation (qui peut parfois se révéler utile) et cherche à développer l'assertivité à son niveau maximum.

Chapitre III

Le niveau de départ et la notion de risque

De même que M. Jourdain pratiquait quotidiennement la prose sans le savoir, certains, qui ignorent peut-être le modèle de l'assertivité, font preuve d'un comportement le plus souvent très assertif. Toutefois, nous le sommes rarement dans tous les domaines: quelques-uns sont terrorisés par l'autorité hiérarchique, et très à l'aise dans leurs relations avec des inconnus; nous avons rencontré des cadres supérieurs très assertifs envers leurs pairs, mais gênés pour faire des reproches, même justifiés, à l'un de leurs collaborateurs. Certains individus sont incapables de dire «non», et demander de l'aide semble, pour eux, un aveu d'impuissance. Il faut aussi citer l'exemple de ceux qui ne savent pas faire part de leur satisfaction — ils sont nombreux dans le milieu professionnel. Dans tous ces cas, le progrès passe par l'entraînement, c'est-à-dire par des tentatives d'abord très simples, puis de plus en plus délicates, en fonction de l'objectif et du niveau de départ, variables selon chacun. Il serait donc vain de chercher à créer une série d'exercices standardisés de difficulté croissante.

I. ÉVALUER SON NIVEAU D'ASSERTIVITÉ POUR CHOISIR UN OBJECTIF

Afin de compléter les résultats du premier test, en voici un nouveau pour évaluer, au moins approximativement, votre niveau relatif d'assertivité dans le cadre professionnel. Il vous permettra également de savoir avec qui vous avez plus de mal à être assertif.

Mon niveau d'assertivité dans le cadre professionnel

Notez vos réponses de 1 à 6 pour chacune des questions, en respectant l'échelle suivante:

1. C'est tout à fait impossible pour moi.
2. Cela me semble très difficile à envisager.
3. Cela me demanderait un effort.
4. Je pourrais sans doute, mais...
5. Je peux, en général, le faire sans problème majeur.
6. C'est sans aucun problème pour moi.

1) À la fin d'un repas avec des collègues, vous sentez-vous capable d'improviser un discours?
2) Un client vient de refuser votre dernière proposition au profit de celle d'un concurrent. Lui téléphonez-vous pour connaître les raisons de son choix?
3) Vous estimez la tenue d'un de vos vendeurs incompatible avec l'image que l'entreprise souhaite donner à ses clients. Pouvez-vous le lui dire?
4) Un vendeur avec lequel vous êtes en relation a manqué de professionnalisme. Téléphonez-vous au directeur commercial de l'entreprise qui l'emploie?
5) Vous ne souhaitez pas assister à la prochaine réunion. Allez-vous le dire au directeur qui vous a mis sur la liste des participants?
6) En fin de réunion, dix collègues approuvent sans réserve un projet que vous désapprouvez. Allez-vous oser le dire?

7) Votre patron vient souvent vous rejoindre près de la machine à café, mais n'a jamais de monnaie. Pouvez-vous le lui signaler?
8) L'un de vos subordonnés, qui travaille aussi bien que les autres, a une forte tendance à partir dix minutes en avance le soir. Lui faites-vous la remarque?
9) Votre collègue de bureau utilise très fréquemment votre téléphone commun pour d'interminables conversations personnelles qui vous dérangent. Lui faites-vous part de cet inconvénient?
10) Vous avez constaté qu'un de vos collaborateurs revient en piètre état de certains déjeuners, trop éméché pour travailler l'après-midi. C'est encore le cas aujourd'hui. Vous le lui dites?
11) La dernière employée que vous avez recrutée est très efficace, mais passe une part importante de son temps ailleurs que dans son bureau. En faites-vous la remarque?
12) Votre patron fait, au cours d'une réunion, de vifs éloges du travail auquel vous vous êtes particulièrement consacré. Savez-vous répondre à cette marque de reconnaissance?
13) Un collaborateur, d'ordinaire très médiocre, vous remet à temps un travail difficile que vous pensiez devoir modifier par la suite, mais qui se révèle parfait lors de votre examen. Le complimentez-vous?
14) Votre patron a fait, à plusieurs reprises, des remarques sur votre vie personnelle que vous jugez déplacées. Il vient de recommencer. Lui dites-vous ce que vous en pensez?
15) L'agence d'intérim vous a envoyé, pour taper un long rapport, une débutante dont la seule expérience est un stage de trois jours. Téléphonez-vous pour demander son remplacement immédiat?
16) Au cours d'un stage de formation, l'animateur s'enlise depuis près d'une heure dans un discours qui vous semble sans intérêt. Lui dites-vous d'arrêter?
17) Un vendeur vient vous proposer des produits que vous jugez sans intérêt. Terminez-vous immédiatement l'entretien?
18) Vous travaillez dans un service de vingt personnes qui a décidé de suivre le mot d'ordre de grève pour jeudi. Dans votre for intérieur, vous n'êtes pas favorable à ce mouvement de grève. Dites-vous à vos collègues que vous viendrez travailler?

19) Votre collègue de bureau se plaint sans arrêt (du temps, de sa santé, des «chefs», du travail, du salaire...). Ce comportement vous irrite sérieusement. Lui en parlez-vous?
20) La direction générale vous précise la date d'une formation obligatoire dans un domaine que vous estimez sans intérêt pour vous. Allez-vous défendre votre position?
21) Vous avez rendez-vous avec un client qui vous reçoit avec quarante-cinq minutes de retard, décalant ainsi votre horaire pour le reste de la journée. Lui en faites-vous la remarque?
22) L'une des deux employées de la réception vient vous demander une journée de congé supplémentaire. Votre budget ne vous permet plus de la remplacer par une employée intérimaire, vous devez lui dire «non». Savez-vous le faire?
23) Votre collègue vous propose de déjeuner avec elle au restaurant, comme vous le faites parfois. Vous êtes fauché et ne pouvez plus vous le permettre. Est-ce que vous lui dites la vérité?
24) Vous êtes un bon vendeur, attaché à vos clients et aimant votre travail. On vous propose un poste sédentaire de chef des ventes qui ne vous tente guère, en dépit de l'augmentation de salaire proposée. Vous avez décidé de dire «non». Savez-vous refuser l'offre?

Interprétation

Additionnez vos points pour obtenir une note de 0 à 144.

De 0 à 36: vous êtes très peu assertif. Vous auriez grand intérêt à développer cet outil, tant dans le cadre de votre travail que dans votre vie personnelle. Ou bien vous craignez les autres, ou bien vous vous sous-estimez. Attention, pour progresser, choisissez un seul objectif à la fois.

De 36 à 72: vous êtes assez assertif dans certains cas, dans d'autres, très peu. À vous de voir avec qui vous manquez d'assertivité: des collègues, des supérieurs, des collaborateurs?

De 72 à 108: vous êtes en général assez assertif pour connaître tous les avantages de ce type de comportement. Vous pratiquez assez couramment l'assertivité pour la développer dans les sphères d'activité où vous ne vous sentez pas suffisamment à l'aise.

De 108 à 144: vous êtes extrêmement assertif dans la vie professionnelle. Vous encouragez certainement vos collaborateurs et vos proches à l'être. Savez-vous que le développement de l'assertivité n'a pas de limites?

Si vos résultats vous placent dans cette dernière catégorie, nous vous proposons également de répondre aux deux questions complémentaires suivantes:

— Êtes-vous bien certain d'avoir répondu en toute objectivité et de ne pas confondre ce que vous faites réellement avec ce que vous souhaiteriez faire?

— N'êtes-vous pas parfois un peu agressif?

En relisant attentivement les questions auxquelles vous avez répondu, vous constaterez qu'elles concernent quatre aspects de la vie professionnelle:

— les rapports avec les collègues (questions 1, 6, 9, 18, 19, 23);
— les rapports avec les partenaires extérieurs à l'entreprise (questions: 2, 4, 15, 16, 17, 21);
— les rapports avec les supérieurs (questions 5, 7, 12, 14, 20, 24);
— les rapports avec les subordonnés (questions 3, 8, 10, 11, 13, 22).

Attention, une note sur 36 dans chacune des rubriques peut vous donner une indication, mais n'est pas une mesure fiable de votre assertivité en raison du trop petit nombre de questions. Toutefois, vous avez maintenant une idée plus précise des partenaires avec qui vous manquez le plus d'assertivité.

II. DÉFINIR UN CHAMP D'ACTION

À partir des résultats de ce test, vous pouvez choisir le domaine dans lequel vous allez chercher à progresser. Il n'est pas recommandé de choisir le plus difficile. Dans un premier temps, optez pour un seul objectif et poursuivez-le jusqu'à ce que vous obteniez un résultat que vous jugez satisfaisant. Par exemple, vous décidez d'être plus assertif envers un de vos collègues, puis vous précisez cet objectif, comme nous l'expliquons un peu plus loin. Il importe qu'il soit bien défini pour accroître vos chances de succès.

Prenons le cas de René: cadre moyen à la direction financière d'une entreprise, il parle très rarement avec son directeur, qui se trouve pourtant au même étage. Très impressionné par sa forte personnalité, René n'ose pas lui adresser la parole. Il n'échange avec lui que si celui-ci le questionne, ce qui se produit environ une fois par mois, et uniquement pour des raisons professionnelles. Afin de remédier à cette situation déplaisante, René s'est fixé les buts suivants:

— lui adresser la parole au moins une fois par semaine (1re semaine)

— lui adresser la parole deux fois par semaine (2e semaine)

— essayer de lui parler au moins trois minutes d'un sujet quelconque (3e semaine)

— lui faire part d'un problème ou lui poser une question d'ordre professionnel en lui demandant des éléments de solution (4e semaine).

D'ici un mois environ, si, et seulement si, tous les objectifs précédents ont été atteints, René lui parlera d'une difficulté réelle (professionnelle ou personnelle) qu'il doit surmonter et qu'il ne peut résoudre sans son aide ou son accord.

Il n'est évidemment pas impératif de respecter les délais: ils ne sont là qu'à titre indicatif. Par contre, la progression doit être respectée: si René n'a pas réussi à adresser deux fois la parole à son directeur au cours de la deuxième semaine, il devra reporter cet objectif à la semaine suivante. Mais il est impératif qu'il soit capable de faire ce geste avant de chercher à prolonger la conversation. De plus, il doit lui laisser le temps de s'habituer à ce nouveau comportement, qui peut paraître surprenant.

Robert est polytechnicien et responsable de la qualité dans une importante unité industrielle. Il consacre la majeure partie de son temps à déceler les défauts de qualité, mais s'appesantit peu sur l'origine des progrès enregistrés. Ce n'est pas, pour lui, une question de communication, mais simplement de comportement. Décidé à modifier ce dernier, il se fixe le programme suivant:

1er mois: rechercher les principaux responsables des progrès récemment enregistrés; les réunir pour leur faire part des résultats et les encourager à poursuivre l'effort entrepris.

2e mois: se rendre personnellement dans l'atelier où il y a eu progrès pour faire part de sa satisfaction.

3e mois et suivants: généraliser la démarche – si elle se révèle positive – en la personnalisant.

Dans l'unité de production, chaque employé prendra ainsi conscience de sa propre contribution à l'effort de qualité. Il verra clairement que ses efforts personnels sont remarqués, ce qui l'encouragera à les poursuivre.

Chacun peut ainsi fixer, en fonction de son objectif et du chemin qu'il doit parcourir, une série d'étapes très progressives sur une période de un à trois mois. Nous ne recommandons pas d'emblée un plan de progression étalé sur six mois ou un an: ce genre de programme est trop souvent remis en cause par des imprévus rencontrés en cours de route. De plus, il ne tient pas compte de la notion de risque, notion que nous allons maintenant étudier.

III. LE RISQUE CALCULÉ: TROIS ZONES DE PROGRESSION

L'assertivité est une méthode de communication. Si elle est efficace, toute modification de votre propre comportement doit se traduire par celle des tiers à votre égard. Si vous progressez, elle sera positive. Par contre, si votre mise en œuvre de la méthode est maladroite, ou si le champ d'expérience que vous avez choisi dépasse largement vos compétences actuelles, elle peut se révéler négative. Dans tous les cas, et quel que soit votre niveau actuel d'assertivité, vous devez savoir que vous ne pouvez pas le développer sans prendre des risques. Les assumer sera le facteur essentiel de vos progrès. Par exemple, si vous désirez devenir ceinture noire de judo ou effectuer la difficile ascension d'une falaise, vous allez vous entraîner, mais aussi, à l'occasion de compétitions ou d'épreuves, mettre en pratique les techniques acquises en courant aussi le risque de perdre un match ou de terminer votre ascension au bout d'une corde. Ce n'est pas parce que vous avez perdu une fois que vous allez abandonner votre objectif: vous acceptez de perdre une épreuve avec l'espoir de gagner la suivante. Vous décidez simplement de choisir vos défis: si vous êtes ceinture verte, vous n'irez pas vous battre contre une ceinture noire; joueur de tennis moyen, vous savez qu'il est illusoire de vouloir gagner un tournoi international. Soyez conscient de vos capacités, sans les surestimer.

Un diagramme très simple va vous aider à évaluer vos chances de succès. Il est constitué de trois zones aux niveaux de risque croissants. On a souvent représenté ces trois zones comme trois cercles concentriques (Figure 3). Nous préférons une représentation moins géométrique, plus conforme à la réalité (Figure 4).

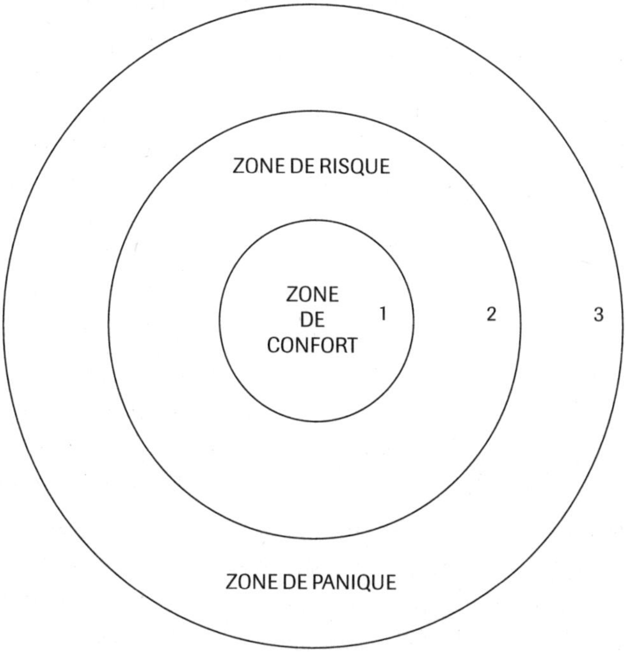

Figure 3: Représentation schématique des trois zones

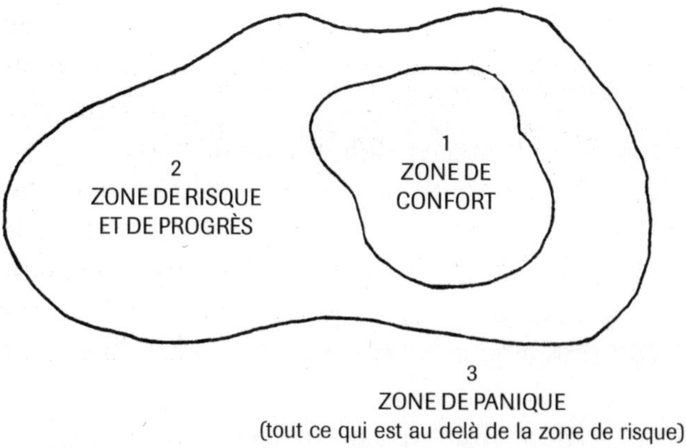

Figure 4: Les trois zones et la diversité de leur surface

1. Zone de confort

La zone centrale, dite «zone de confort», est celle dans laquelle chacun se sent à l'aise pour communiquer: elle n'a pas, bien sûr, la même dimension si elle concerne les interlocuteurs ou les types d'intervention. Vous pouvez, par exemple, être très à l'aise avec votre supérieur (vaste zone de confort), et gêné en face de vos subordonnés (zone de confort très étroite). Compliquons encore les choses: même si vous êtes à l'aise avec votre supérieur et que vous n'ayez aucun problème pour lui demander une augmentation ou une semaine de vacances (les demandes ne vous posent aucun problème), il se peut que vous n'ayez jamais osé lui faire part de votre admiration ou simplement de votre bonheur de travailler avec lui (les compliments vous posent un problème).

Pour tenter de clarifier ce schéma, voici quelques explications concernant les axes majeurs.

Les interlocuteurs (Figure 5)

Salariés ou partenaires de l'entreprise, ce sont:

— les supérieurs;
— les subordonnés;
— les collègues;
— les inconnus.

Les types d'intervention (Figure 6)

Vis-à-vis des interlocuteurs cités, vous êtes plus ou moins à l'aise pour:

— demander;
— dire «non»;
— critiquer;
— complimenter;
— prendre l'initiative du dialogue.

Cette zone de confort indique, en fait, votre niveau de départ. Tant que vous y demeurez, vous n'êtes pas susceptible de faire des progrès. Vous maintenez votre comportement habituel, sans prendre de risques. Dans ces conditions, vous ne pouvez pas prétendre au changement.

2. Zone de risque et de progrès

C'est une zone dans laquelle on peut s'aventurer plus ou moins loin, mais où il est indispensable de pénétrer pour progresser. Des incursions successives dans la zone de risque permettent, peu à peu, d'agrandir la zone de confort. Notons cependant qu'elle comporte des risques, et qu'il convient de les évaluer soigneusement avant d'y entrer. Chaque fois, vous devez vous poser les deux questions suivantes:

— Quel est le plus grand risque encouru?

— Suis-je prêt à l'assumer pleinement, c'est-à-dire à accepter un échec sans pour autant remettre en cause ma décision de progresser?

Si la réponse est «non» à la seconde question, mieux vaut renoncer: cela signifie que votre incursion se trouve en fait au voisinage de la troisième zone, dite «zone de panique». Mais si vous répondez «oui», votre démarche est celle du progrès. Vous constaterez que les tentatives, très difficiles au début, se font plus aisément. C'est le début d'un processus qui se développe ensuite tout naturellement: dès les premiers succès, qui vous auront permis d'accroître votre zone de confort, vous constaterez que celle-ci porte bien son nom. Il est très gratifiant de la voir s'agrandir: cela implique une meilleure liberté d'expression, une plus grande aisance et plus de facilité pour communiquer.

Édouard est ingénieur. Âgé d'une trentaine d'années, il sait qu'il doit changer d'entreprise s'il veut une promotion importante, puisque celle-ci lui a été refusée là où il travaille actuellement. Il a donc pris contact avec divers chasseurs de têtes. Malheureusement, lors du premier entretien avec un futur employeur, il perd littéralement tous ses moyens. Pour accroître sa zone de confort, il décide de postuler à l'extérieur de la ville bien qu'il ne veuille pas la quitter. Débarrassé de son angoisse à l'idée que son interlocuteur pourrait ne pas retenir sa candidature – il sait qu'il ne prendra en aucun cas le poste concerné –, il s'est ainsi rendu à plusieurs autres rendez-vous. Ils lui ont permis d'accroître sa confiance en lui et de perfectionner son approche. Après quelques entrevues positives, Édouard s'est rapidement rendu au stade suivant: rechercher de nouveau un poste qui l'intéresse, en sachant qu'il peut maintenant rencontrer sans crainte un éventuel employeur.

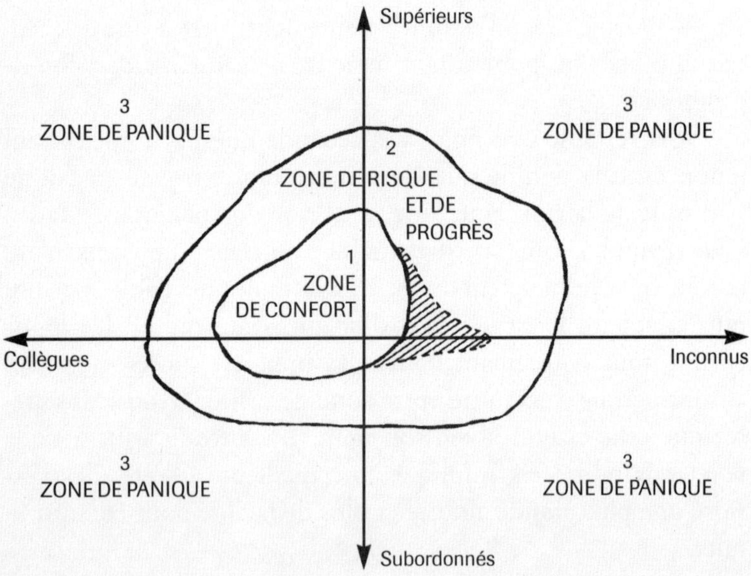

Figure 5: Les trois zones appliquées aux types d'interlocuteur

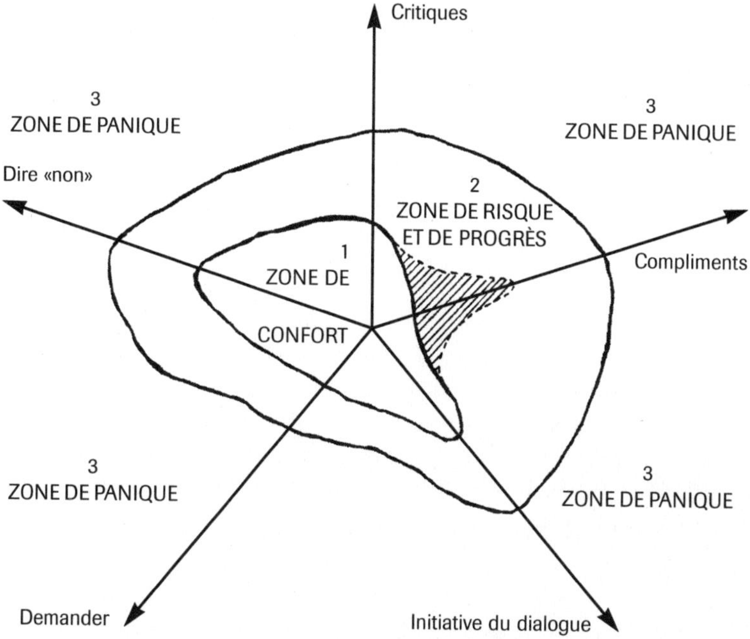

Figure 6: Les trois zones appliquées aux types d'intervention

3. Zone de panique

Attention: c'est la zone dans laquelle nous ne devons en aucun cas pénétrer en raison du fiasco qui nous guette. Nous allons y perdre tous nos moyens, devenir maladroits, agressifs et même stupides. Nous courons à un échec certain. Il est fréquent de conclure que «c'est trop difficile, je n'y arriverai jamais, mieux vaut renoncer, etc.». Il appartient à chacun de délimiter objectivement les frontières de ce secteur et d'éviter soigneusement son voisinage. En restant bien en deçà, vous êtes certain d'être dans la zone de risque, donc celle du progrès.

La figure 5 illustre le cas de Jean-Marie, cadre supérieur responsable d'un laboratoire de recherche dans une entreprise chimique. Très à l'aise avec ses collègues (directeurs d'usines, membres du comité de direction) et ses supérieurs, il éprouve des difficultés relationnelles avec les inconnus (autres chercheurs, universitaires) et le personnel de son laboratoire. Toutefois, il est prêt à se mettre en position dangereuse pour améliorer ses relations avec des chercheurs étrangers (il estime qu'il ne serait pas trop difficile de faire des progrès). En face de ses subordonnés, il ressent un réel problème de commandement: c'est là que sa zone de risque est la plus réduite, donc très près de celle de panique. Dans un premier stade, nous lui avons conseillé d'étendre sa zone de confort dans le secteur où celle du risque est la plus vaste, en cherchant à limiter sa crainte des inconnus. En revanche, nous lui avons recommandé d'être très prudent dans son programme de progression vis-à-vis de ses collaborateurs, afin d'éviter de se trouver dans sa zone de panique.

La figure 6 illustre le cas de Anne, responsable des payes dans une entreprise moyenne. Très autoritaire, exigeante envers son personnel, elle ne ménage pas les critiques et sait dire «non» aux nombreuses demandes de modifications tardives qui lui sont adressées. Par ailleurs, elle est consciente de ses difficultés à formuler des demandes, ainsi qu'à complimenter (dans les milieux professionnel et privé). Elle se sentirait plus à l'aise pour progresser dans le domaine des compliments: c'est donc dans la zone de risque hachurée qu'elle a décidé de s'aventurer, faisant des efforts pour exprimer des remarques agréables, qu'elle jugeait jusqu'à présent inopportunes. Après avoir atteint un niveau qu'elle juge satisfaisant, elle pourra ensuite développer plus facilement l'initiative du dialogue, puis aborder des aspects plus difficiles pour elle, comme formuler des demandes qui l'embarrassent.

Pour déterminer les limites de vos propres zones, nous vous invitons à remplir le tableau suivant (Figure 7): en colonnes figurent vos divers interlocuteurs, sur les lignes horizontales, les cinq principales catégories d'interventions que l'assertivité peut

	SUPÉRIEURS	COLLÈGUES	SUBORDONNÉS	PERSONNE EXTÉRIEURE À L'ENTREPRISE
ENTRER EN RELATION				
FORMULER UNE DEMANDE				
REFUSER UNE DEMANDE				
FAIRE DES COMPLIMENTS				
ÉMETTRE UNE CRITIQUE				

Figure 7: Tableau à remplir pour situer vos zones de confort, de risque, de panique

vous aider à maîtriser. Dans chaque case située à l'intersection d'une ligne et d'une colonne, inscrivez les lettres C, R ou P selon que le type d'intervention face à l'interlocuteur concerné.

C: zone de confort: ne vous pose aucun problème;

R: zone de risque et de progrès: comporte un risque que vous acceptez d'assumer;

P: zone de panique: présente un danger qu'il vous semble déraisonnable de courir.

Sur les vingt cases ainsi remplies, l'ensemble des C représente votre zone de confort, celui des R votre zone de risque et de progrès, celui des P votre zone de panique. Trouvez-vous votre zone de confort assez étendue? Poursuivez la lecture de ce livre, il vous aidera à découvrir et à mettre en œuvre les moyens de l'accroître.

Voici un dernier exemple pour terminer ce chapitre.

Lors de la dernière journée d'un séminaire sur l'assertivité, le groupe en formation se réunissait pour déjeuner en présence d'un de leurs patrons, reconnu pour ses difficultés d'écoute et de communication. Pendant tout le déroulement du stage, les participants s'étaient interrogés sur la pertinence de saisir cette occasion pour faire une incursion dans leur zone de risque. Plusieurs d'entre eux avaient préparé une intervention, mais deux seulement sont finalement passés à l'acte: Jean-Pierre et Virginie. Jean-Pierre, d'ordinaire très réservé et peu assertif, évoluait, sans bien s'en rendre compte, dans une zone de confort extrêmement étroite. Compte tenu de l'importance de son interlocuteur et de la présence d'une vingtaine de personnes, son intervention était dangereuse et l'a conduit tout droit dans la zone de panique. À peine installés à table, nous avons assisté à l'échange suivant:

«Vous voudrez bien m'excuser pour ce retard dû à des obligations professionnelles. Je suis heureux d'être parmi vous pour la fin de ce stage. J'aimerais que vous me fassiez part de son déroulement et des bénéfices que vous en avez retirés.»

Il s'ensuivit un bref silence de quelques secondes, chacun hésitant à prendre la parole le premier... Jean-Pierre décida alors de plonger:

«On a appris qu'on peut dire tout ce que l'on pense, même si cela ne sert à rien. En fait, je crois que vous n'écoutez pas vraiment, que vous cherchez en permanence à manipuler le personnel, ce que vous faites d'ailleurs très bien, et qu'il a tort de se laisser faire.»

Très longue pause, durant laquelle l'assistante du patron glisse à ses voisins: «Si personne ne dit rien, il va exploser!»

Virginie, qui disposait déjà d'une vaste zone de confort, en sortit à son tour, mais plus prudemment:

«Je crois que Jean-Pierre ne s'est pas très bien exprimé. Je partage une partie de son analyse: je ne pensais pas oser prendre la parole, aussi je me trouve très courageuse. (Rires) C'est là un des aspects très positifs du stage qui sera très utile à tous. Il est vrai que nous avons beaucoup parlé de manipulation et des moyens d'y faire face. J'ai pensé à bien des gens, dont vous-même. J'ai donc décidé d'être très vigilante sur ce point, même si je ne sais pas encore très bien m'y prendre. Pensez-vous que ce soit un progrès?»

Une discussion sur ce sujet s'est alors engagée sans que Jean-Pierre ne dise un seul mot jusqu'à la fin du repas. En pleine panique, ce dernier a totalement confondu assertivité et agressivité et pris un risque inutile, sans en mesurer l'impact. Il n'a soigné ni le fond de sa pensée ni la forme de ses paroles. Il s'est retrouvé dans une situation plus que désagréable. Il n'avait de plus aucun avantage à retirer de son intervention.

Virginie s'est montrée au contraire très assertive: commençant ses phrases par «je», faisant part de ses sentiments (crainte, hésitation), d'une décision personnelle et, finalement, témoignant du respect à son interlocuteur en lui demandant son opinion.

Méfiez-vous de la zone de panique. Chaque fois que vous craignez les conséquences de votre initiative, vous avez, sans vous en rendre compte, franchi sa frontière. Retournez un peu en arrière et cherchez à modifier votre intervention pour qu'elle se situe dans la zone de risque.

IV. RÉSUMÉ

En raison de l'expérience personnelle et du caractère, les niveaux d'assertivité sont différents. C'est pourquoi il n'existe aucun exercice standard de progression.

Le test proposé permet de définir votre niveau général d'assertivité et de déceler si votre comportement est également assertif lorsque vous avez affaire à des collaborateurs, à des collègues, à des supérieurs ou à des partenaires extérieurs à l'entreprise.

Selon les résultats, il vous appartient de décider dans quel domaine vous désirez progresser d'abord, de construire vous-même un plan pour atteindre progressivement l'objectif que vous vous serez fixé.

Afin de mettre en œuvre ce processus, nous vous proposons un modèle permettant de répartir vos interventions en trois zones:

— une zone de confort, dans laquelle vous évoluez sans aucun problème. Vous communiquez aisément et tout se passe toujours bien. Vous ne connaissez pas ou peu d'échecs et êtes toujours disposé à engager le dialogue.

— une zone de risque qui entoure la précédente. Vous y êtes nettement moins à l'aise, obligé de vous contraindre pour y pénétrer. Il faudra vous y aventurer pour faire des progrès, en étant prêt toutefois à assumer les conséquences d'un échec. La zone de risque est aussi la zone de progrès. Il convient, bien évidemment, de ne prendre que progressivement des risques toujours plus grands, afin d'éviter de se trouver inopinément au voisinage de la dernière zone, celle de panique.

— la zone de panique ceinture les deux autres et s'étend jusqu'à l'infini. C'est celle dans laquelle il ne faut jamais pénétrer sous peine de courir à sa perte. L'idée même de vous y trouver vous fait perdre tous vos moyens.

Ces trois zones ont des formes irrégulières en fonction des divers axes sur lesquels on les mesure:

— un axe par type d'interlocuteur (supérieur, pair, subordonné, partenaire de l'entreprise);

— un axe par type d'intervention (demander, dire «non», critiquer, complimenter, prendre l'initiative d'une relation).

La connaissance de l'étendue de vos propres zones est déterminante pour choisir les progrès que vous déciderez de faire.

CHAPITRE IV

Fixer des objectifs pour progresser

I. SAVOIR CE QUE L'ON VEUT

More than two objectives is no objective, dit-on aux États-Unis. Il est vrai qu'en y pensant sans cesse, on peut, avec beaucoup de volonté et de ténacité, venir à bout d'UN objectif, mais très rarement de plusieurs, fussent-ils seulement deux. Le problème essentiel est donc de choisir cet objectif avec discernement: très peu de gens sont capables, d'emblée, de définir clairement ce qu'ils veulent... et le prix qu'ils sont prêts à payer pour l'obtenir.

Gagner plus d'argent? Devenir un bon pianiste ou un excellent skieur? Changer d'entreprise? S'installer à la campagne ou partir à l'étranger? Écrire un livre? Se classer parmi les meilleurs joueurs de tennis? Apprendre l'informatique ou la pâtisserie? Se présenter à un concours administratif? Combien d'heures êtes-vous prêt à investir pour atteindre ces buts?

Donner la priorité à certaines valeurs par rapport à d'autres est un problème fondamental que l'assertivité ne vous aidera pas à résoudre. Elle peut, par contre, vous aider à progresser sur le chemin librement choisi. Mais ce n'est pas une tâche aisée.

Afin de vous aider, nous avons dressé une liste de valeurs qui figurent le plus souvent dans les enquêtes. Vous pouvez en rajouter. Si votre choix est fait, inutile de vous attarder. Sinon, nous vous invitons à noter de 1 à 10 chacune de ces valeurs afin de déceler vos préférées.

Action humanitaire	Gloire
Amis	Indépendance
Amour	Passion
Argent	Pouvoir
Effort	Reconnaissance
Enfants	Religion
Famille	Statut social
Force	Travail

Certains de ces termes, abstraits ou équivoques, nécessitent quelques commentaires:

Effort: le besoin de voir vos efforts reconnus, quels qu'en soient les résultats.

Force: la force suffisante pour trouver en soi toutes les ressources dont on peut avoir besoin.

Passion: une activité extraprofessionnelle à laquelle vous consacrez toute votre énergie.

Reconnaissance: le besoin de voir vos talents reconnus par vos pairs.

À l'exception de l'effort et du pouvoir, l'assertivité peut contribuer à promouvoir toutes ces autres valeurs.

Dans cette liste, l'effort se situe un peu à part dans la mesure où il n'est pas suivi d'effets. Vouloir voir ses efforts reconnus est un pis-aller. «Si je n'ai pas de résultats, rendez du moins hommage au mal que je me suis donné.» À titre exceptionnel, ce comportement est très acceptable. À titre permanent, il ne peut être gratifiant.

Quant au pouvoir, nous souhaitons également l'écarter de la liste en raison de la très grande part de manipulation qu'il comporte: la chasse au pouvoir est une dure lutte, et une attitude assertive permanente serait plutôt un handicap qu'un avantage.

Si l'examen de la liste vous semble fastidieux, voici un autre exercice: la boutique magique. Il y a quelques années, lors d'un congrès consacré à la créativité, j'ai participé à un atelier présentant la méthode de «La Boutique magique». La règle du jeu était la suivante: le boutiquier chargé de l'accueil expliquait qu'on pouvait tout trouver dans son établissement à la seule condition d'offrir, en contrepartie, un prix acceptable. Pouvoir, gloire, virtuosité, amour, richesse, tout est en stock dans l'arrière-boutique. Mais aucun de ces biens n'est réellement à vendre au sens habituel du terme: il faut faire au vendeur une offre qu'il juge équitable. À vous de trouver le juste prix que vous êtes prêt à payer pour votre acquisition, et qui va se mesurer, par exemple, en temps à investir (deux heures par jour pendant trois mois), en travail (apprendre l'allemand), en décision (rompre une relation, déménager, organiser un dîner chaque semaine).

Entrant à mon tour dans la boutique, je demandai une compagne pour traverser la vie. Célibataire approchant la quarantaine, j'étais las et insatisfait des nombreuses aventures que j'avais connues depuis plus de quinze ans. Le problème du prix à payer me fut très difficile à résoudre: après plusieurs propositions refusées par le vendeur (ma moto, une part de ma liberté, une semaine de congé de maladie), je compris qu'il me fallait, en échange de ce vœu très important pour moi, faire une offre très conséquente. Après une longue réflexion, et l'aide du groupe présent, je proposai de prendre dix kilos. À l'époque, je pratiquais encore la danse classique plusieurs fois par semaine. J'étais, comme tous les familiers des studios de danse, relativement obsédé par mon poids. À ma grande surprise, le vendeur accepta et me fit ainsi prendre conscience de l'importance que j'attachais à cette recherche. Quelques semaines plus tard, je fis, en liaison directe avec cet exercice, un choix décisif dans un aéroport,... et nous traversons encore la vie côte à côte. Il se trouve par ailleurs que je n'ai pas encore payé le prix convenu, mais il semble que la boutique magique consente à ses clients satisfaits un crédit de très longue durée, payable même éventuellement dans l'autre monde...

Il est malheureusement difficile de jouer seul à la boutique magique: la règle du jeu est délicate à manier et demande, outre la présence d'un animateur expérimenté, la coopération d'un groupe qui, en fonction de ce qu'il sait de vous, vous aide à définir le prix à payer pour votre achat. Toutefois, je vous invite à choisir parmi tous les progrès que permet de faire l'assertivité, et qui vous sont maintenant familiers: désirez-vous avant tout cesser d'être exploité (par votre employeur, votre conjoint, vos amis, vos parents, vos enfants...), créer une entreprise, modifier votre style de relations avec vos collaborateurs, oser changer d'entreprise ou de fonction, faire de nouvelles rencontres, rompre avec des relations pénibles, faire valoir vos idées?... Tout cela est possible, plus facile en développant votre assertivité, mais en faisant une seule chose à la fois. En choisissant un thème de progression privilégié, vous ferez des progrès plus rapides et vous irez ensuite dans d'autres champs d'application. Le premier choix est souvent le plus difficile: c'est de lui que vont dépendre vos futurs succès. Si vous échouez, il y a peu de chances pour que vous poursuiviez ensuite d'autres objectifs avec succès. Il importe donc de le faire avec discernement, de peser soigneusement le risque qui lui est associé, et de ne le retenir que si vous estimez avoir de bonnes chances de succès.

Béatrice est mécontente de sa vie actuelle: âgée d'une trentaine d'années, célibataire sans enfant, elle vit depuis près d'un an avec un homme qui ne l'attire plus guère. Elle est enquêtrice et travaille comme pigiste pour divers organismes. Ses deux objectifs sont les suivants: se débarrasser de son compagnon qu'elle juge trop encombrant et trouver un poste de chargée d'études à plein temps pour s'assurer d'un revenu plus stable. Depuis plus de six mois, elle rêve de l'un et de l'autre sans avoir rien décidé. Cherchant à conduire sa vie de façon plus assertive, elle vient de prendre une première décision: elle va d'abord se séparer de son encombrant compagnon, ce qu'elle pense pouvoir réaliser dans un délai de un à deux mois. Ensuite, elle fera face à son problème professionnel... s'il existe toujours.

Christiane travaille dans un service de dédouanement de marchandises importées. Très compétente dans ce domaine, elle aurait pu prétendre à une promotion, mais elle hésite depuis longtemps à perfectionner ses deux points faibles qu'elle connaît pourtant fort bien: l'anglais et l'informatique qu'elle maîtrise insuffisamment. Indécise pour choisir l'un ou l'autre, elle n'a encore rien entrepris cette année... et continue de se plaindre.

La clé du progrès n'est pas de développer à la fois tous vos talents, mais d'en privilégier un et de l'amener au niveau que vous souhaitez.

II. UN RISQUE ACCEPTABLE

Sortir de sa zone de confort est d'autant plus difficile que celle-ci est limitée: plus elle s'étend, plus on acquiert de confiance en soi et plus on l'accroît aisément. Il est donc important, surtout au début, d'apprendre à apprécier le risque maximal associé à une tentative, et à définir clairement si l'on est prêt à l'assumer avec ses conséquences. Les stages de formation sont l'endroit idéal pour cet apprentissage: tous les participants font leurs premières armes et bénéficient généralement de la bienveillance du groupe qui soutient et encourage les initiatives individuelles. Le risque encouru est donc plus faible, ce qui ne veut pas dire nul: il est déplaisant de se voir, sur un enregistrement vidéo, bafouiller lamentablement ou avouer son incapacité à achever un exercice d'improvisation. Par contre, il est très gratifiant de constater que l'on a pu surmonter une crainte naturelle, et qu'après tout... ce n'était pas si difficile que ça.

André, chef de cuisine, participait à un stage. L'un des exercices proposés consistait à improviser pendant une minute devant le groupe à partir d'un mot tiré au sort. L'activité était enregistrée sur vidéo, et le groupe la visionnait pour déceler un point fort et un point faible à signaler assertivement à l'orateur. Après l'improvisation de plusieurs candidats sur divers sujets (soutien-gorge, méridien, flux, clé de voûte...), c'est au tour d'André. Il tire le mot «arlequin». Après les quelques secondes de réflexion allouées, il se place devant la caméra et commence:

«Arlequin,... euh... ça me fait penser à un costume multicolore... C'est tout... Je ne peux pas... Je suis incapable de continuer cet exercice. Je n'ai pas l'habitude de m'exprimer en public, je suis complètement coincé et je me sens ridicule. Non, vraiment, je ne peux pas... Je n'ai rien à dire... Je suis terrifié, angoissé... Je ne pensais pas qu'une minute puisse être aussi longue. Pourtant, je suis content d'avoir essayé. Mais c'est très pénible pour moi. Ouf!»

Tous les participants du groupe ont ressenti sa gêne, partagé ses difficultés, reconnu son courage et l'ont incité à poursuivre ses efforts. Ainsi soutenu, André a bien voulu recommencer l'exercice quelques heures plus tard; il a eu plus de succès et a notablement élargi sa zone de confort au cours des trois journées suivantes. Mais il a bénéficié du soutien du groupe et d'une situation créée artificiellement. Dans le cadre habituel de vos activités, il y a peu de chances que vous soyez ainsi encouragé par votre interlocuteur. À vous donc d'imaginer le plus grand risque que vous courez et de ne tenter l'expérience que si vous êtes prêt à l'assumer.

Florence, chef de produit dans une entreprise agroalimentaire, travaille pour un directeur de marketing qui distribue généreusement les reproches, mais ne fait jamais de compliments. Son objectif, proposé au groupe pour approbation, est de le lui faire savoir. Elle le formule de la façon suivante:

Première formulation: le prendre à part et lui demander pourquoi il ne fait jamais de compliments sur la qualité du travail réalisé.

Estimation du risque maximum: entendre en retour une réponse du style: «Parce que vous ne savez pas travailler.» Ce risque est jugé trop difficile à accepter.

Deuxième formulation: après lui avoir remis un projet important concernant le lancement d'un nouveau produit, lui demander s'il trouve que le projet est bon.

Estimation du risque maximum: entendre la réponse: «Oui, mais...» et être obligée de refaire le projet en tout ou en partie. Ce risque est encore jugé trop élevé.

Troisième formulation: à l'occasion d'un de ses nombreux reproches, abonder dans son sens et lui faire part de ses propres doutes: «Cette fois-ci, vous avez raison. Mais je finis par douter de mon travail: vous ne laissez rien passer, et je me demande parfois s'il m'arrive de faire ce que vous souhaitez?»

Estimation du risque maximum: entendre la phrase: «Vous êtes encore jeune dans le métier, c'est pour vous former que je suis particulièrement exigeant.» Ce risque est estimé acceptable par Florence qui tente l'expérience.

Compte rendu trois semaines plus tard: un dialogue ouvert et sympathique qui peut se résumer en trois points:

«Dans l'ensemble, vous travaillez plutôt bien et vous avez acquis beaucoup d'expérience depuis un an, même s'il vous reste encore des choses à apprendre.

«Je suis d'accord pour essayer de penser à vous dire quand je suis satisfait du travail réalisé.

«Ce n'est toutefois pas dans mes habitudes: n'hésitez donc pas à me le rappeler si j'oublie.»

Comme Florence, faites l'effort d'évaluer le risque que vous courez en sortant de votre zone de confort. S'il vous semble trop élevé, n'hésitez pas à fixer une étape intermédiaire: ce n'est pas parce que votre objectif est de monter un étage que vous devez, pour l'atteindre, escalader la façade! À vous de chercher un ascenseur, un escalier mécanique, voire un escalier de secours comportant un demi-palier qui rende l'ascension plus progressive.

III. UN OBJECTIF RAISONNABLE

Il n'est pas nécessaire d'espérer pour entreprendre ni de réussir pour persévérer.

Cette phrase, attribuée au prince allemand Guillaume Ier d'Orange-Nassau, dit le Taciturne, est d'une incroyable ineptie: comment se fixer un objectif et travailler pour l'atteindre si l'on n'estime pas avoir, *a priori*, de très sérieuses chances de succès? Ce n'est pas cette démarche que nous vous proposons, bien au contraire: choisissez toujours un objectif à la mesure de vos moyens, car le succès attire le succès. Les tentatives réussies vous feront progresser, bien plus que les échecs. Il est donc important d'établir un plan aux étapes graduelles pour ne pas renoncer dès les premiers essais. Un autre point clé de la réussite: ne pas changer de niveau sans être certain de la réelle maîtrise du niveau précédent.

Marc est représentant, souvent victime du retard de ses clients lors de ses rendez-vous. Il rêve d'être capable de le leur dire, voire, idéalement, d'oser partir si l'un d'entre eux le fait attendre trop longtemps. Il ne s'est jamais permis d'évoquer ce problème avec eux. Pour cela, il établit un plan progressif:

Phase 1: en quittant un client qui l'a fait attendre, lui dire qu'il sera en retard chez son prochain client.

Phase 2: dès le début de l'entretien avec un client qui l'a fait attendre, lui demander s'il est possible d'écourter la durée de l'entretien pour ne pas être en retard à son prochain rendez-vous.

Phase 3: lors d'un retard particulièrement important, expliquer au client qu'il serait sans doute préférable de reporter le rendez-vous dans leur intérêt commun.

Phase 4: se fixer un temps d'attente à ne pas dépasser (quinze à vingt minutes), et le faire savoir progressivement à tous ses clients. Quitter le point de vente quand cette limite est dépassée.

Chacune de ces phases doit être pratiquée jusqu'à faire partie de la zone de confort avant d'aborder la suivante. En outre, Marc a prévenu son chef des ventes de son projet, car il est probable que certains clients lui téléphoneront pour se plaindre de son attitude.

Aux dernières nouvelles, la phase 1 s'est déroulée sans difficulté aucune pendant trois semaines environ. La phase 2 lui a valu quelques incidents: certains clients lui proposaient d'arrêter immédiatement l'entretien, ce qu'il a été contraint de faire une ou deux fois. La phase 3 a été plus difficile et plus longue (3 mois): certains clients ont effectivement téléphoné au chef des ventes qui a soutenu et expliqué la position de Marc. La phase 4 est en cours d'exécution: seul un client a demandé le passage d'un autre vendeur, menaçant de changer de fournisseur.

Abandonnez donc l'idée trop fréquemment répandue qu'un objectif doit être contraignant, difficile à atteindre et placé très haut pour être stimulant et gratifiant. Très rares sont ceux capables de se battre pendant des mois ou de s'entraîner durant des heures pour y parvenir. Adaptez sans prétention l'écartement des barreaux de l'échelle à votre physique. Il est plus facile et plus valorisant, après avoir atteint un premier but modeste, de placer ensuite la barre plus haut, que de reconnaître un échec et de se fixer un second objectif en deçà du premier.

Si vous vous levez d'ordinaire à 8 h pour être au bureau à 9 h et que votre objectif est d'y être plus tôt, il n'est guère raisonnable de décider qu'à partir de lundi prochain, vous vous lèverez tous les matins à 7 h pour y être à 8 h. Un bon objectif serait plutôt de décider qu'à partir de la semaine prochaine, vous arriverez un jour par semaine au bureau à 8 h. Ceci vous laisse la latitude du choix de la journée et constitue une bonne étape intermédiaire. Après avoir mis en œuvre et réalisé l'objectif avec succès pendant trois ou quatre semaines, à vous de le reconsidérer: êtes vous satisfait de la situation? Avez-vous envie d'aller plus loin? C'est de cette façon que se construit le progrès, bien plus que par de grandes décisions rarement suivies d'effets.

IV. RÉSUMÉ

Dans l'assertivité comme dans bien d'autres domaines, le processus de progrès commence par la fixation d'un objectif. Pour ce faire, il convient d'abord de réfléchir à vos priorités essentielles dans la vie, afin de savoir dans quel domaine vous souhaitez progresser. Nous vous proposons une liste de valeurs clés où vous trouverez sans doute celles que vous privilégiez; à défaut, sinon la méthode de la boutique magique peut vous conduire sur d'autres pistes.

Une fois cette priorité définie, l'assertivité est, sans aucun doute, l'un des moyens les plus efficaces pour progresser sur le terrain choisi. Encore faut-il évaluer lucidement le risque associé à la démarche que vous désirez entreprendre. Peu élevé, il indique que vous êtes en fait resté au voisinage immédiat de votre zone de confort. Le chemin parcouru sera donc très petit, ainsi que la satisfaction que vous en retirerez. Trop élevé, il indique que vous êtes en fait au voisinage de la zone de panique, et que vos chances de succès sont très faibles.

Vous devez viser le juste milieu, puis décomposer le chemin qui conduit à l'objectif en étapes clairement identifiées et faciles à franchir. N'hésitez pas à les multiplier: chaque fois que vous en aurez atteint une, vous constaterez un progrès, donc vous serez conforté dans l'idée que vous êtes sur la bonne voie.

Dans le doute enfin, fixez l'objectif plus bas: il vous sera facile de le réajuster ensuite vers le haut, alors que l'échec lié au choix d'un objectif trop ambitieux démotive et conduit trop souvent à l'abandon.

CHAPITRE V

Deux modes de communication: verbale et non verbale

On croit fréquemment que communiquer passe par le discours. Une analyse plus fine montre qu'il n'est qu'un élément parmi d'autres. C'est toute la différence entre la communication écrite et la communication orale qui apparaît ainsi: la première n'a que deux dimensions, le fond et la forme; la seconde comporte également ces caractéristiques fondamentales, mais dépend aussi d'autres facteurs dont on est plus ou moins conscient — donc difficiles à maîtriser —, et qui modifient le message qu'on croit émettre. Outre le discours que l'on pense généralement maîtriser, on communique par les attitudes, les gestes, le ton de la voix, le débit des paroles, le mouvement des yeux, toute une multitude de signes qu'il est important de savoir déchiffrer.

I. LES ÉLÉMENTS DE LA COMMUNICATION VERBALE

1. S'exprimer

Le rite préalable

Le respect de l'autre, c'est avant tout le souci de n'entamer le dialogue que si vous êtes sûr que votre interlocuteur est prêt à vous écouter. Aborder sans préparation un sujet délicat ou difficile sera souvent perçu comme une attitude agressive. La phase préliminaire, souvent appelée phase rituelle, fait partie de nos usages: il convient donc de la respecter.

Dans un magasin, un restaurant, un simple «bonjour» ou «bonsoir» changera souvent le comportement des vendeurs à votre égard. Sur votre lieu de travail, il existe sans doute un rituel propre à l'entreprise et qui doit être respecté: on se dit «bonjour» le matin, en se serrant la main ou pas; un simple oubli peut être pris pour une marque de mépris volontaire. Attention aux signes qui vous sont adressés au cours de cette phase: une bonne écoute vous permet de les déceler, et le respect de l'autre doit alors vous pousser à en tenir compte.

••

Philippe a décidé de prendre, à la fin du mois, une fin de semaine prolongée; il n'a pas encore l'accord de Claude, son supérieur, et a décidé de le lui demander ce matin. Il arrive de bonne heure, sachant qu'il le trouvera seul dans son bureau et vraisemblablement disponible.

«Bonjour Monsieur, puis-je vous voir un moment?

– Tout de suite, si vous voulez. Asseyez-vous. Vous allez bien?

– Très bien, je vous remercie, et vous même?

– Ça pourrait aller mieux... les enfants surtout.»

La phrase suivante est la clé de l'entretien: si Philippe écoute peu ou mal, sa phrase suivante sera du type:

«À propos, je souhaite partir à la campagne avec les miens à la fin du mois et j'aimerais prendre une fin de semaine de trois jours. Il me reste encore quatre jours de vacances; le moment me semble bien choisi. Cela vous convient-il?»

Rien ne prouve d'ailleurs que cette formulation ne sera pas suivie d'un accord. Mais en fait, si Philippe est à l'écoute de Claude, sa phrase suivante sera plutôt du style:

«Vos enfants ont quel âge maintenant?

– Quatorze et seize ans, et l'aîné est en conflit avec la terre entière. Il vient de se faire renvoyer du collège... Je ne sais plus comment lui parler.»

L'entretien va se poursuivre quelques instants sur ce thème, et Claude appréciera certainement le temps que Philippe a bien voulu lui consacrer. Il se crée ainsi, au cours de cette phase rituelle, un climat d'écoute et d'intérêt mutuel favorable pour la suite de l'entretien. Après quelques minutes consacrées à ce sujet, c'est vraisemblablement Claude qui, à son tour, demandera à Philippe pourquoi il souhaitait le voir. Il sera alors mieux disposé à donner une suite favorable à sa demande.

Il ne s'agit pas ici de manipulation, mais d'une attitude fondamentale d'écoute, d'ouverture et d'intérêt pour les propos de l'autre qui fait partie intégrante de l'assertivité, celle-ci ne consistant pas à formuler ses exigences sans état d'âme quels que soient l'interlocuteur et le moment. Ces phases rituelles sont d'ailleurs très différentes d'un pays à l'autre: plus brèves en Amérique du Nord, elles sont plus longues au Japon, où leur respect est l'une des conditions fondamentales pour réussir une négociation.

Parmi les plus usitées en Occident, on peut citer les suivantes:

«Ça va?»

«Drôle de temps pour la saison...»

«Vous avez passé une bonne fin de semaine?»

«Vous n'avez pas eu trop de mal à trouver notre adresse?»

«En forme?»

Quelle que soit la banalité de ces propos, ils méritent une réponse brève qui va servir de «brise-glace» pour la suite de l'entretien. Ne négligez pas les signaux qui vous sont adressés au cours de cette phase rituelle: savoir les écouter, les interpréter et y répondre fait partie de la communication et améliore considérablement vos relations.

Les questions

Les questions constituent un élément fondamental du dialogue et montrent avec évidence que vous ne le considérez pas comme un duel dans lequel celui qui conserve la parole s'assure un avantage décisif. Au contraire, vous redonnez la parole à votre interlocuteur pour en savoir plus, lui faire expliquer et préciser sa pensée. À condition d'en écouter les réponses, elles sont un signe de vif intérêt et enrichissent la conversation.

On distingue plusieurs types de questions selon l'information recherchée. Supposons que vous cherchiez à savoir ce que pense un collaborateur de la pertinence de suivre un stage de formation en informatique. Vous pouvez lui poser différentes sortes de questions:

Des questions fermées neutres

Elles ne vous apprendront pas grand-chose: la seule réponse possible est oui ou non.

«Êtes-vous au courant des projets d'informatisation du service?»

«Savez-vous que nous manquons de compétences informatiques?»

«Avez-vous déjà suivi un stage d'initiation à l'informatique?»

À la différence des suivantes, ces questions ne sont pas orientées, c'est-à-dire qu'elles ne sous-entendent pas la réponse.

Des questions fermées orientées

«Vous n'avez rien contre la formation?»

«Je crois savoir que vous aimez bien l'informatique?»

«Vous avez certainement envie d'accroître vos compétences?»

Ces questions contiennent clairement la réponse attendue et ne sont donc pas de vraies questions. Utilisées avec excès, elles conduisent à une attitude manipulatoire.

Des questions ouvertes

Elles donnent la parole à votre interlocuteur: ne pouvant répondre simplement par «oui» ou par «non», il va vous en dire un peu plus sur le sujet qui vous intéresse. Vous allez recueillir de l'information que vous utiliserez dans la suite de la conversation:

«Que pensez-vous de notre projet informatique?»

«À votre avis, qu'est-ce que l'informatisation va changer dans notre travail?»

«Pourquoi avez-vous demandé un ordinateur?»

«Parmi l'ensemble de vos tâches, quelles sont celles pour lesquelles l'ordinateur vous est devenu indispensable?»

Ces questions ouvertes sont, particulièrement au début d'un entretien, le meilleur moyen de mettre votre interlocuteur en confiance. Elles traduisent, d'une part, votre intérêt réel pour ses idées ou ses opinions et, d'autre part, votre capacité d'écoute. Elles vont vous permettre l'ouverture d'un vrai dialogue.

Des questions en retour

Celles-ci reprennent une phrase ou un membre de phrase de votre interlocuteur afin d'en savoir plus, de l'aider à exprimer une idée qu'il a du mal à formuler ou à surmonter sa gêne:

«... nous avons de nombreux problèmes de communication avec les informaticiens.»

«Pensez-vous que ces problèmes viennent surtout d'eux ou de vous?»

«Je me sens parfois un peu dépassé.

— Dépassé dans quel sens? Qu'est-ce qui vous gêne le plus?

— J'ai l'impression de ne pas être traité comme les autres.

— Vous avez l'impression d'être traité différemment. Pouvez-vous me donner un exemple?»

L'art de poser les bonnes questions est également celui de mettre à l'aise votre interlocuteur, de lui montrer l'intérêt que vous portez à ses réponses — sous réserve que vous les écoutiez. En ce sens, ce sont surtout les questions en retour qui favorisent le dialogue. Voisines de la reformulation, elles s'en distinguent toutefois en ce sens qu'elles recherchent un complément d'information au lieu de faire une synthèse avant de changer de sujet. Pour développer votre aptitude à questionner, il existe de nombreux exercices. Par exemple, à ceux qui, trop souvent sûrs d'eux, ont tendance à terminer brutalement un entretien lorsqu'ils estiment qu'ils n'ont plus rien à ajouter, nous recommandons de poser systématiquement deux questions à leur interlocuteur: la première pour savoir s'il n'a rien à ajouter avant de clore l'entretien; la deuxième afin de connaître son niveau de satisfaction à l'issue de cet entretien. L'exercice complet implique bien évidemment d'écouter les réponses et d'en tenir compte.

La forme de l'expression

La forme et le ton de l'expression sont aussi importants que le fond. Le plus grand embarras provient souvent du fait que plus on a du mal à émettre un message difficile, ou jugé tel, plus on a tendance à le noyer dans un magma verbal qui le rend incompréhensible. Il convient donc, au moins dans les cas compliqués, de le formuler à l'avance et de s'assurer qu'il est bien clair.

Supposons que vous soyez chargé de réclamer à un bon client le dernier règlement relatif à l'achat d'une machine livrée il y a six mois: las de relancer en vain la comptabilité, vous demandez la direction et entamez le dialogue comme suit:

«Monsieur Martin? Je vous appelle au sujet de la machine que nous vous avons livrée l'été dernier. Toujours satisfait?

– Je n'ai pas d'information contraire; elle doit donner satisfaction.

– Excellent. À propos, nous n'avons pas reçu votre dernier règlement.

– Il va certainement vous parvenir très bientôt. Vous savez que nous réglons toujours nos fournisseurs. J'espère que vous n'êtes pas inquiet.

– Pas vraiment, mais nous attendons depuis trois mois. Puis-je compter sur un règlement rapide?

– Bien sûr, bien sûr. Je vais donner les instructions nécessaires. Merci de votre appel.

– Merci d'avance, je compte sur vous.»

Votre dialogue a dévié en raison de votre introduction: au lieu de faire du règlement l'objet de votre appel, vous en avez fait une question annexe, qui a donc été traitée comme telle par M. Martin. La forme d'intervention suivante — si vous prenez le temps de la préparer — serait plus efficace:

«J'ai recours à vous pour le règlement du solde de la machine que nous avons livrée l'été dernier. J'ai appelé trois fois vos services comptables sans pouvoir obtenir une date de règlement. Pouvez-vous faire en sorte que nous soyons payés avant la fin du mois?»

Cette dernière phrase porte l'essentiel de votre message: vous tenez à obtenir une réponse claire.

Le disque rayé

En l'absence de réponse claire, on peut mettre en œuvre la technique du disque rayé, qui répète inlassablement le même message. Souvent irritante pour l'interlocuteur, cette technique nécessite une forte assertivité, mais permet généralement d'arriver à ses fins.

Victime du développement du télémarketing, vous décrochez le téléphone qui sonne un soir à vingt heures. On vous propose un abonnement à un journal.

«Bonsoir, je suis bien chez Mme Lajeunesse?

– Elle-même.

– Bonsoir, Madame. Sylvie Klein du journal X...

– Je suis à table et souhaite ne pas être dérangée chez moi.

– Lisez-vous régulièrement un quotidien?

– Oui, mais je suis à table et souhaite ne pas être dérangée chez moi.

– Aimeriez-vous le recevoir chez vous?

– Peut-être, mais je suis à table et souhaite ne pas être dérangée chez moi.

– Pouvons-nous nous rencontrer pour en parler?

– Certainement pas, je suis à table et souhaite ne pas être dérangée chez moi.

– Puis-je vous rappeler à un autre moment?

– Non, je souhaite ne pas être dérangée chez moi.

– Cela veut-il dire que notre offre ne vous intéresse pas?

–Cela veut dire que je suis à table et souhaite ne pas être dérangée chez moi.

– Euh...

– Merci de noter dans vos fichiers que je souhaite ne pas être dérangée chez moi.»

Plus votre message est difficile à faire passer, plus il convient de le rendre clair, bref, intelligible immédiatement sans qu'il soit nécessaire de le répéter.

Au cours d'une de nos sessions de formation, Marie, chargée d'écrire le courrier dans un service administratif, se plaignait d'être dérangée dix fois par jour par son chef de service, une femme autoritaire qui entrait dans son bureau et déposait du courrier «T.T.U.» (très très urgent) dans sa corbeille, disant simplement: «Pour ce soir.» Jamais Marie ne pouvait terminer sa pile de travail le jour même, mais elle n'osait pas aborder le problème avec sa supérieure. Réfugiée dans une attitude de fuite, elle subissait la situation tout en maîtrisant difficilement une forte agressivité. Marie s'étant déclarée disposée à agir, le groupe formula diverses propositions de formulations.

Parmi celles-ci, notons:

«Non, j'en ai déjà trop pour aujourd'hui.» *(agressif)*

«Je ne crois pas que ce soit possible.» *(peu assertif)*

«Vous avez vu la pile?» *(agressif)*

«Non.» *(sec, et sans doute au ton très agressif)*

«J'aimerais vous en parler avant.» *(retarde le règlement du problème)*

«Non, je ne crois pas que ce sera possible.»

Marie retint cette dernière formulation. Quinze jours plus tard, alors que nous l'interrogions sur le résultat de son intervention, elle nous rapporta le dialogue suivant:

«Pour ce soir...

– Non, je crois que ce ne sera pas possible.

– Comment "non"?

– Je ne pourrai déjà pas terminer tout ce qui est pour ce soir. *(disque rayé)*

– Mais vous avez bien le temps de taper celle-ci?

– Non. Si les autres sont réellement urgentes, je comptais les faire passer avant.

– Elles sont moins urgentes que celle-ci.

– Pouvons nous prendre cinq minutes pour définir ce qui est réellement "T.T.U."?

– Tout est urgent.

– Tout ne sera pas fait pour ce soir. *(disque rayé)*

– Bon, je vais regarder.»

Après trois interventions du même genre, et en utilisant beaucoup le disque rayé, Marie a obtenu que son objectif soit de terminer chaque jour la pile «T.T.U.», à charge pour elle de prévenir lorsque la quantité de travail devenait trop grande. Désormais, elle laisse le soir une corbeille vide... mais elle est la seule du service à bénéficier de ce traitement.

Plus le message est important, plus il convient d'en soigner la forme afin d'en renforcer l'impact. Essayez de trouver une phrase courte qui résume entièrement votre pensée et pose clairement la question, si possible sous une forme très concise. La plupart des messages enregistrés sur les répondeurs téléphoniques sont trop longs: on passe plus de temps à les écouter qu'à laisser son propre message. Pourquoi ne pas remplacer le message traditionnel: «Bonjour, vous êtes bien chez XXX au numéro 436-2585. Nous sommes actuellement absents ou dans l'impossibilité de vous répondre, mais vous pouvez nous laisser un message. Vous disposez de trente secondes après le bip sonore. Nous vous rappellerons le plus rapidement possible. Merci de votre appel, parlez après le bip, à bientôt.», par un message aussi efficace et courtois, mais beaucoup plus succinct:

«Bonjour, ici le répondeur de XXX qui ne peut prendre votre appel maintenant. Merci de laisser un message après le bip, nous vous rappellerons très rapidement.»

C'est aussi un bon exercice, avant de chercher à joindre un tiers au téléphone pour une communication importante, que de vous demander quel message vous laisseriez sur son répondeur en cas d'absence. Votre appel sera plus bref, et vous saurez sans doute, en une seule phrase, présenter l'objet de votre appel sans rien oublier d'important.

Parler à la première personne

Pour exprimer des sentiments ou une opinion personnelle, l'emploi du pronom «je» en début de phrase donne à votre expression un sens sensiblement différent de celui qu'elle a sous une forme impersonnelle. C'est d'ailleurs devenu une sorte de jeu, dans le milieu «psy», que de dire, chaque fois que ce n'est pas le cas: «Peux-tu répéter cette phrase en commençant par "je"?» On observe alors deux types de comportement.

Les personnes suffisamment assertives ne changent guère le contenu et modifient seulement la structure grammaticale.

Au lieu de:

«Tu as l'air fatiguée.»

«Ras le bol de ces réunions qui ne servent à rien.»

«On pourrait en parler au contrôleur de gestion.»

Elles disent:

«Je trouve que tu as l'air fatiguée.»

«J'en ai ras le bol de ces réunions qui ne servent à rien.»

«Je pourrais en parler au contrôleur de gestion.»

La deuxième forme est à peine plus assertive que la première, mais elle traduit cependant une opinion ou une intention plus claire. Toutefois, dans beaucoup d'autres cas, le seul fait de commencer la phrase par «je» conduit à modifier à la fois le sens et le contenu.

Au lieu de:

«On n'est pas près d'en sortir.»

«Il n'y a qu'à l'envoyer promener.»

«On va bien trouver une solution.»

«Ça ne serait sûrement pas pire.»

Les individus trouvent des formulations sensiblement différentes:

«Je me demande comment nous allons en sortir.»

«Je ne sais pas comment lui répondre.»

«Je propose de chercher une solution.»

«Je propose d'essayer.»

Alors que les premières propositions sont vagues, plutôt négatives et fort peu constructives, les secondes posent des questions ou émettent des suggestions plutôt constructives.

Le phénomène est très général; c'est pourquoi l'emploi du pronom «je» est un moyen d'inciter les gens à émettre des opinions plus positives ou plus nuancées que l'utilisation de formes impersonnelles (on devrait, il faudrait, il n'y a qu'à, on pourrait, etc.). De plus, il traduit la prise en charge du problème et l'implication de celui qui parle ainsi que le caractère personnel du jugement ou du point de vue émis. Il y a une différence nette entre les phrases suivantes:

«Vous avez peut-être des problèmes personnels, mais vos absences répétées perturbent le fonctionnement du service.» (Je suis vaguement au courant de vos problèmes, mais je n'ai pas à en tenir compte.)

«Je sais que vous avez des problèmes personnels, mais vos absences répétées perturbent le fonctionnement du service.» (Je suis au courant de vos problèmes personnels que je comprends, mais je souhaite que vous trouviez, malgré eux, un moyen d'assurer votre présence.)

Seule la pratique vous enseignera les nuances entre les phrases qui commencent par «je» et les autres, mais l'exercice est trop difficile pour l'aborder seul avec succès: il faudrait en effet que vous conserviez en permanence la consigne présente à l'esprit et vous avez, sans doute, d'autres préoccupations. Cependant, vous pouvez aisément informer un tiers (un collaborateur, un collègue, un compagnon ou une compagne) de votre désir d'essayer. Il aura pour consigne de vous faire remarquer les phrases qui ne commencent pas par «je», vous répétant sans cesse: «Peux-tu redire cette phrase en commençant par "je"?» C'est la meilleure façon de bien vous rendre compte des différentes formulations, afin de choisir celle qui vous semblera la plus efficace, et dont l'utilisation deviendra de plus en plus naturelle.

La phrase ternaire

Gordon recommande d'être plus précis dans sa formulation grâce à la construction d'une phrase en trois parties:

Le début de la phrase expose la situation qui fait réagir, généralement sous la forme «Quand vous...».

Le milieu de la phrase traduit les sentiments ou les réactions face à cette situation et commence bien évidemment par «je».

Le dernier membre de la phrase exprime une décision ou une demande, conséquence de ce qui a déjà été dit.

Ainsi, au lieu de reprocher son retard à votre interlocuteur sous la forme: «Vous êtes encore en retard et je n'aime pas travailler dans ces conditions», vous pouvez trouver une formulation ternaire du style: «Quand vous arrivez en retard comme maintenant, cela me met de mauvaise humeur parce que nous n'avons plus le temps de régler nos problèmes. Je vous demande donc de faire l'effort d'arriver à l'heure à nos rendez-vous.»

Sous cette forme, votre reproche, bien que mettant clairement en cause le retardataire, se présente sous une forme acceptable et a plus de chances de susciter une réaction positive de sa part, c'est-à-dire la recherche d'une solution.

De la même façon, cette méthode s'applique pour les compliments: au lieu de dire simplement: «Vous maîtrisez vraiment bien le logiciel Word 5, ce dernier document est impeccable», la formulation ternaire pourrait être la suivante: «Quand je regarde votre dernier document, je suis heureux de voir que vous avez fait des progrès fantastiques dans la maîtrise du logiciel Word 5. Je penserai à vous pour une prochaine promotion.» Cette formulation n'est pas naturelle et demande un certain entraînement pour bien la maîtriser. Mais son usage se révèle souvent efficace. Nous vous recommandons de l'essayer de temps en temps, en particulier pour les compliments, les reproches et même les réclamations.

Voici quelques exemples.

«Quand vous me donnez un travail urgent à exécuter tout de suite, je suis irrité contre vous parce que cela bouleverse l'organisation de ma journée, et je préférerais conserver la maîtrise de mon emploi du temps.»

«Quand vous entrez dans mon bureau sans frapper, je me sens agressé; je vous demande de frapper lorsque la porte est fermée.»

«Quand vous quittez le bureau le soir sans rien ranger, je vous en veux, car c'est moi qui dois ranger, le lendemain matin. Pourriez vous faire l'effort de ranger vos affaires avant de partir?»

«Quand j'ai appris que vous aviez été reçu à ce concours, j'ai trouvé cela fantastique, car vous n'avez eu que six mois pour le préparer. J'admire votre capacité à travailler aussi vite.»

En vous inspirant de ces modèles, cherchez à formuler de façon ternaire les compliments ou les reproches suivants:

«Vous savez que chaque chauffeur est responsable de la propreté de son camion. Le vôtre n'a pas été lavé depuis une semaine.»

«Je ne sais pas comment vous faites pour tout retrouver aussi rapidement: vous devez avoir un excellent système de classement.»

«J'ai bien aimé votre idée de constituer un groupe de recherche créative: cela va sûrement nous donner des pistes nouvelles pour faire avancer ce projet.»

«Fantastique, la façon dont vous avez réussi à le calmer et à vous débarrasser de lui!»

«À ce prix-là, je préfère changer de fournisseur.»

2. Écouter

On a tous l'impression de bien écouter. On a tous aussi le souvenir de quelqu'un qui nous a fait remarquer, après un moment d'entretien, que l'on n'avait pas bien saisi sa pensée, ou qu'il s'était mal exprimé (ce qui est généralement une formule courtoise pour exprimer notre manque d'écoute). C'est parce qu'écouter demande un effort et, qu'à défaut de ce dernier, on ne retient qu'une petite partie du discours de l'autre. Lassés de ses phrases trop longues, du peu d'intérêt de ses propos, occupés à préparer une réponse ou carrément en train de rêver, on «décroche» complètement, ce qui est une façon de rompre la communication. En fonction de l'habitude et de l'attention, on distingue trois niveaux d'écoute: l'écoute passive, l'écoute semi-active et l'écoute active.

L'écoute passive

L'écoute passive ne comporte aucune intervention de la part de l'individu, sinon, en général, un contact visuel permanent: on regarde celui qui parle. C'est l'attitude généralement adoptée pour regarder le journal télévisé ou écouter un conférencier qui s'adresse à un public nombreux. Lors d'un dialogue, cette attitude représente vite une gêne considérable pour celui qui s'exprime. Alors qu'une intervention de 10 minutes ou plus devant un grand auditoire exige une préparation soignée, un dialogue n'est généralement pas préparé: il est rare de parler plus de une à deux minutes à un seul interlocuteur. En l'absence de tout signe d'encouragement ou d'écoute active, on se sent rapidement mal à l'aise et on a tendance à solliciter la participation de l'autre. Sans sa réaction, on ne peut que répéter le message, quêter une approbation, finir maladroitement son discours, ou demander franchement un avis. L'écoute totalement passive est donc un moyen de mettre un interlocuteur mal à l'aise, de lui faire subir une forte pression simplement parce qu'il n'a aucun moyen d'estimer l'effet de ses propos sur la personne visée.

Maurice vend directement dans les établissements scolaires diverses fournitures: papeterie, craies, tableaux, mobilier, instruments de laboratoire, etc. Il nous a raconté l'entretien le plus difficile qu'il ait eu de toute sa carrière de vendeur lors d'un rendez-vous avec un père jésuite, directeur d'une importante école. Le dialogue s'est engagé de la façon suivante:

«Bonjour, vous pensez en avoir pour combien de temps?

– Une vingtaine de minutes.

–Je peux vous accorder vingt minutes, je vous écoute.»

À partir de là, et jusqu'à la fin de l'entretien, le directeur n'a pas prononcé un seul mot. Laissant sans réponse les questions de Maurice, les bras fermement croisés sur la table, il le regardait droit dans les yeux sans même faire, de temps en temps, un geste d'approbation ou de dénégation. Incapable de supporter cette attitude, Maurice, qui n'était pas préparé à ce monologue de vingt minutes, a craqué et a terminé son entretien, sans aucun résultat, au bout de cinq à six minutes qui lui ont semblé durer une éternité.

Que vous l'utilisiez ou non, il est bon de savoir que cette forme d'écoute constitue une forte contrainte pour votre interlocuteur. Sans aucune information de votre part, contraint à un monologue, qui est une forme de communication inusitée, il va rapidement perdre la face et le fil de son discours, ainsi que tout préjugé favorable qu'il aurait pu avoir à votre égard.

L'écoute semi-active

Ce terme désigne une forme intermédiaire entre l'écoute passive et l'empathie: on ne prend pas réellement la parole, mais on manifeste simplement de l'intérêt, l'approbation ou le désaccord par des mouvements (hochements de tête, clins d'œil, sourires) ou par des onomatopées ou des petits mots dénués de sens mais témoins de notre attention.

«Mmmm...»
«Oui...»
«Vraiment?...»
«O.K...»
«Je vois...»
«Je vous suis tout à fait...»
«D'accord...»
«Et alors?...»

Tout en n'étant pas la plus favorable au dialogue, cette forme d'écoute est déjà un grand progrès par rapport à la précédente: elle démontre avec évidence une attitude d'écoute. Accompagnée de gestes pertinents, elle encourage l'interlocuteur à poursuivre et à transmettre une information plus complète, dans un climat de relative confiance. Elle traduit, de la part de la personne, un intérêt pour ce qui se dit et constitue une forme de *feed-back* encourageante. Tout ce qui se situe en deçà de ce mode d'écoute est, en fait, une forme de rejet flagrant. Donc, si vous souhaitez développer la communication avec un tiers, il vous faudra au moins pratiquer l'écoute semi-active.

L'écoute active et l'empathie

L'assertivité ne consiste pas seulement à s'exprimer de façon assertive: conçue comme telle, elle perd la moitié de son intérêt. L'assertivité, c'est avant tout le respect de soi-même et de l'autre. Elle passe donc par une écoute particulièrement attentive, et nécessaire pour connaître l'opinion adverse, et même, dans certains cas, par un effort pour bien la comprendre si elle est trop différente de la nôtre.

On appelle écoute active une forme d'écoute approfondie qui démontre de l'intérêt pour les propos d'un interlocuteur. Elle est souvent liée à la reformulation de ce qui vient d'être dit, ce qui est la meilleure preuve d'une capacité d'écoute... à condition d'en avoir une bonne et de ne pas déformer les propos entendus.

À l'issue d'une phase que vous jugez importante, et pour montrer à la fois votre souci de bien comprendre et votre volonté de rester sur la bonne longueur d'onde, vous devez résumer l'essentiel des propos énoncés et attendre la confirmation de votre interlocuteur:

«Si je vous ai bien compris, vous constatez une dégradation du climat de travail dans votre service depuis une quinzaine de jours?»

«En somme, vous estimez que le délai de réponse aux réclamations des clients s'est beaucoup allongé ces derniers temps?»

«Si j'essaie de résumer, vous me proposez de supprimer un poste de travail dans la future organisation.»

«Oui... Pour résumer, après ces quinze jours de période d'essai, votre opinion est que le candidat recruté par la Direction des ressources humaines a un niveau de formation trop élevé pour le poste?»

À défaut de reformulation, on prendra votre avis comme une preuve d'écoute assertive. Les phrases suivantes sont de bonnes preuves d'écoute:

«Je ne suis pas d'accord avec ce que tu viens de dire et je me demande bien pourquoi?»

«Je suis très surpris par ton point de vue. Je serais heureux que tu m'en parles un peu plus.»

«Je suis tout à fait d'accord avec ce dernier argument, mais il ne justifie pas tout.»

«C'est très intéressant, mais peux-tu donner un exemple pour être plus clair?»

L'empathie est la forme la plus élaborée de l'écoute, celle qui consiste à se glisser dans la peau et dans la tête de son interlocuteur, afin de mieux comprendre la genèse même de sa pensée et de son discours. Son usage est difficile et ne s'acquiert pas en quelques heures: il faut faire un réel effort pour comprendre pourquoi votre interlocuteur adore les chiens que vous avez en horreur, ou pourquoi il a mal pris une remarque du directeur de production qui était si anodine que vous ne l'avez même pas remarquée. Il vous faut donc le questionner pour essayer de le comprendre, échanger votre propre cadre de références contre le sien, remplacer votre échelle de valeurs par la sienne, bref tenter de vous mettre réellement à sa place.

Attention: l'empathie n'implique aucunement une attitude de fuite passive, sauf si elle est pratiquée avec excès. Ce n'est pas parce que vous comprenez et admettez sa position que vous l'approuvez nécessairement. Vous souvenant de l'adage «ni hérisson ni paillasson», vous pouvez, après avoir montré votre empathie et votre compréhension, combattre son idée ou expliquer pourquoi elle ne vous semble pas bonne.

Ayant énormément de mal à faire deux choses à la fois, il est souvent difficile de concilier une très bonne écoute avec une attitude assertive. Toutefois, c'est le passage de l'une à l'autre qui est le secret de la communication la plus efficace: pouvoir faire preuve d'empathie, oublier temporairement son objectif pour se mettre totalement à l'écoute de l'autre peut être de loin la meilleure attitude à adopter dans certains cas.

Pour l'exposition qui commence lundi, Simon est chargé de l'installation du stand de l'entreprise. Il sera donc obligé de l'aménager dimanche.

Thomas, un de ses collègues, lui avait laissé entendre qu'il pourrait lui donner un coup de main. Simon lui téléphone pour le lui rappeler:

«Je t'appelle parce que tu m'avais proposé ton aide pour l'installation du stand. Je vais m'y mettre dimanche vers 10 h. Je peux passer te prendre?

– Je suis ennuyé, mais cela tombe vraiment mal. Je vois les enfants une fois par mois et je les ai avec moi depuis hier soir pour toute la fin de semaine. Mathieu est malade, il fait beaucoup de fièvre. Mon ex-femme Marie-Hélène est absente. Je ne sais pas du tout quoi faire ni à qui m'adresser. Pourrais-tu m'aider?»

Thomas n'est pas très assertif: il n'a pas franchement dit «non» à la demande de Simon. Mais l'empathie de ce dernier doit lui permettre de comprendre, dès qu'il entend la réponse, qu'il serait inopportun et maladroit d'insister: Thomas a plus besoin de lui que le contraire. L'attitude la plus assertive sera donc de poursuivre la conversation et de trouver une solution pour l'aider, en sachant que toute nouvelle formulation de la demande ne fera que le mettre mal à l'aise. Il est impensable que Thomas néglige ses enfants pour aider Simon à installer son stand.

Dans d'autres cas, votre empathie va vous aider à comprendre votre interlocuteur, sans pour autant oublier votre projet: c'est le mouvement de va-et-vient de l'un à l'autre qui peut vous conduire au succès:

«Je suis persuadé que nous aurions intérêt à acheter une imprimante à laser pour l'ensemble du service.

— Peut-être, mais notre budget d'investissement est déjà dépassé, et je me vois mal demander une rallonge budgétaire.

— C'est vrai que le contrôleur de gestion est rarement bien disposé à cet égard. (*empathie*)

— Nous pourrions en reparler l'an prochain?

— Certainement, mais si nous pouvions l'avoir avant la fin de l'année, nous aurions enfin du courrier impeccable sans aller l'imprimer au rez-de-chaussée ou le taper à la machine à écrire. (*retour au projet*)

— Vous pouvez peut-être attendre quelques mois encore?

— Bien sûr, si c'est réellement indispensable. (*empathie*) Et si on réalisait une économie sur un autre poste? (*retour au projet*)

— À quoi pensez-vous?

— À cette employée intérimaire qui retape les comptes rendus de réunion ou le courrier important à la machine: avec une imprimante à laser, je suis sûre qu'on n'aurait plus besoin d'elle.

— Oui, mais ce n'est pas le même budget.

— Je comprends: vous craignez que le contrôleur de gestion se serve de cet argument? (*empathie*)

— Exactement.

— Mais on pourrait toujours lui poser la question. Voulez-vous que je prépare une note à ce sujet? (*retour au projet*)

— D'accord. Après tout, on ne risque pas grand-chose.»

C'est l'alternance de l'écoute ou de l'empathie et de la poursuite de l'objectif qui est l'un des points clés du succès. Nous aurons l'occasion de revenir sur cette notion qui est un autre facteur important de l'assertivité.

II. LES ÉLÉMENTS DE LA COMMUNICATION NON VERBALE

Au delà du discours, on communique par une multitude d'attitudes et de gestes, qui viennent conforter ou infirmer nos propos. Certains mouvements sont involontaires, d'autres volontaires, mais tous en disent long sur l'adéquation de nos paroles avec notre intime conviction. Les éléments de la communication non verbale sont extrêmement difficiles à expliquer autrement que par l'observation des comportements réels; ils deviennent particulièrement clairs lorsqu'on les examine sur des enregistrements vidéo. Néanmoins, il nous semble essentiel d'évoquer brièvement les principaux d'entre eux.

1. La distance et les positions respectives

Selon les situations, on se trouve à une distance confortable ou gênante pour bien communiquer. Certains acheteurs croient mettre le vendeur en situation d'infériorité en le faisant asseoir sur une chaise basse située à 2 ou 3 m de leur bureau, ce qui crée réellement de mauvaises conditions pour la communication. Ces acheteurs n'ont pas compris que le dialogue avec un vendeur n'est pas nécessairement un combat au bout duquel il convient de l'écraser: le vendeur offre en effet des biens ou des services dont l'acheteur a ou peut avoir besoin. Mieux vaut donc, pour les deux parties en présence, créer un climat de saine collaboration plutôt que de chercher d'entrée de jeu à déstabiliser l'autre.

Les experts divisent l'espace en trois zones:

— une zone d'inconfort: zone de plus de 2 m (pour donner un repère), dans laquelle il est difficile de bien communiquer à deux. C'est le cas, par exemple, d'un interlocuteur qui vous reçoit dans une grande salle de réunion, vous installe à un bout de la table et s'assied à l'autre bout, vous mettant d'emblée mal à l'aise.

— une zone propice au dialogue: zone d'ordinaire de 70 cm à 1,50 m, ce qui correspond à la distance qui sépare deux fauteuils situés de part et d'autre d'un bureau. Notons qu'il y a une différence entre être assis face à face ou côte à côte: pour montrer des documents, travailler sur un plan ou un catalogue, on est souvent mieux côte à côte, bien que l'on perde ainsi le contact visuel. Dans les autres cas, il est préférable d'être face à face, sauf si vous avez le soleil dans les yeux: n'hésitez pas alors à demander de changer de place.

— une zone dite d'intimité: zone de moins de 70 cm de laquelle sont généralement exclus les rapports professionnels. L'on constate, tant dans les exercices que dans la pratique, que le fait d'entrer dans cette zone sans y avoir été invité met l'interlocuteur mal à l'aise, au point de lui faire parfois terminer l'entretien pour se débarrasser de l'importun.

Il faut toutefois relativiser ces notions, qui sont susceptibles de varier considérablement d'un pays à l'autre: il n'est pas rare, en Grèce par exemple, de voir, dans un café, des consommateurs assis à des tables installées à 5 ou 6 m de distance engager et poursuivre une conversation. Tant pis pour vous si votre table a la malchance de se trouver entre les leurs. Selon les régions, les entreprises, l'installation des bureaux, vous pouvez vous trouver, à votre gré, trop près ou trop loin de votre interlocuteur. C'est une démarche assertive que de proposer ou de demander une autre disposition qui serait à votre sens plus favorable à une bonne communication (mais ce n'est pas nécessairement le hasard qui vous a ainsi placé).

Vous pouvez également souligner vos propos ou une phase particulièrement importante d'un entretien en vous levant brusquement: vous créez un effet de surprise qui attire évidemment l'attention.

2. Le regard et le sourire

Le regard est, à coup sûr, un élément essentiel de la communication: regarder celui qui parle est un signe d'écoute, regarder celui à qui l'on parle est un signe d'intérêt, de reconnaissance et une preuve d'assertivité.

Vous est-il arrivé, dans un de ces restaurants où tous les serveurs ou serveuses portent le même costume, de ne pas savoir, à la fin du repas, reconnaître celui ou celle qui vous a servi, simplement parce que vous ne l'avez pas réellement regardé? C'est un signe certain de l'attention que vous lui avez portée...

Il est, d'ordinaire, plus facile de regarder en écoutant qu'en parlant: votre regard pendant le discours de l'autre témoigne de votre intérêt pour ses propos. Pendant les stages, nous avons rencontré des participants dont le regard fuyait dès qu'il rencontrait celui de l'animateur ou de l'un des autres participants. Le premier travail à faire est alors de s'habituer à regarder celui qui parle. Dans un cas particulièrement difficile, nous avons conseillé à Jean-Philippe, incapable de soutenir le regard de quelqu'un du groupe, de visionner maintes et maintes fois le présentateur d'un journal télévisé à l'aide d'une cassette vidéo. Après plusieurs pratiques, il s'est montré capable de regarder plus souvent ceux qui lui parlaient au cours d'exercices réalisés deux par deux. En fin de session, sa gêne avait considérablement diminué.

Une fois acquise cette capacité, le stade suivant, un peu plus difficile, est de regarder celui à qui vous parlez: le regard accentue la force de vos propos, les souligne, les met en valeur. Imaginez la différence de l'impact du discours suivant: «Je trouve que vous faites un excellent travail depuis que vous êtes dans ce service», selon que vous regardez vos chaussures ou par la fenêtre, ou bien directement dans les yeux de votre collaborateur ou en esquissant un sourire.

Le regard fixé dans les yeux de l'autre tout en lui parlant est le premier et le plus évident des signes extérieurs d'assertivité: si vous êtes incapable de regarder quelqu'un dans les yeux plus de une ou deux secondes, le premier travail à réaliser sera la pratique d'exercices pour vous accoutumer à le faire plus longtemps. Vous pouvez vous exercer d'abord sans parler, dans l'autobus ou dans la rue, puis en vous adressant à quelqu'un au marché, dans un café ou au restaurant, chez vous avec vos amis, au bureau, avec vos collègues ou tous ceux que vous connaissez bien, ou en situation de formation. Peu à peu, non seulement vous soutiendrez plus longtemps le regard des autres, mais vous aurez aussi plus confiance en vous. Il est surprenant de constater comment des exercices très simples, suffisamment répétés, peuvent conduire à des progrès rapides.

Au cours d'un stage, Marie-Christine se révéla, dès le début, incapable de regarder l'un des membres du groupe lorsqu'elle prenait la parole. Sa voix était mal assurée, et toute son attitude traduisait une gêne considérable. Après quelques exercices préalables, les membres du groupe avaient pour consigne d'expliquer à celui qui venait de parler ce que traduisait son regard et son attitude générale. Marie-Christine montra vite un grand talent, exprimant de façon très pertinente des observations judicieuses. Plusieurs stagiaires le lui ayant fait remarquer, elle fut invitée à répéter ses observations en regardant l'intéressé dans les yeux. Les premiers essais furent sans doute difficiles, mais, une heure plus tard, encouragée par de nombreux signes d'approbation, elle était capable de parler en regardant son interlocuteur plusieurs secondes dans les yeux. Le lendemain, à l'issue d'une séance de travail, elle se retrouva en grande conversation avec Marc, au point d'oublier de rejoindre le groupe de travail après la pause. Marc nous expliqua qu'il avait été surpris du comportement de Marie-Christine qui le regardait droit dans les yeux pendant dix à quinze secondes toutes les dix minutes environ. Étonné, il avait pris Marie-Christine à part pour lui demander de s'en expliquer: forte de ses progrès, elle avait simplement décidé d'essayer ce pouvoir du regard, nouveau pour elle, et de voir s'il aurait un effet sur Marc.

Le troisième stade de la maîtrise du regard, un peu plus difficile, est celui de la communication en réunion ou devant un groupe: chacune des personnes doit avoir l'impression que l'orateur s'adresse essentiellement à elle. Il se pratique au cours d'exercices qui consistent à poser le regard par intermittence sur diverses parties de l'assistance, si possible sans jamais la quitter des yeux pour consulter ses notes ou laisser le regard errer au hasard. Cette dernière habileté est un peu plus difficile à acquérir que les autres, et l'on cherche notamment à la développer au cours des sessions de formation de formateurs. Elle implique une très bonne maîtrise du sujet traité et traduit, de la part de l'orateur, une attention permanente au groupe et à ses réactions, au point d'être capable de modifier ou de suspendre son discours lorsqu'il remarque des signes de baisse d'attention, de surprise, d'incompréhension ou de lassitude. Si vous souhaitez développer seul ce talent, nous vous recommandons l'exercice suivant:

Choisissez un texte quelconque et tentez de le lire à haute voix, de préférence devant une glace, en observant les deux consignes suivantes:

— Vous ne devez jamais parler pendant que vos yeux sont fixés sur le texte.

— Vous ne pouvez parler qu'en regardant autre chose que votre document (par exemple votre image dans la glace).

Cet exercice développe plusieurs talents: outre le contact visuel quasi permanent, il vous entraîne à parler lentement, ce qui donne plus de poids à vos propos. L'une des recommandations que nous faisons souvent à nos animateurs est la suivante: pour être plus pertinents et mieux entendus, pensez vite et parlez lentement.

Enfin, notons que, généralement, plus le contact visuel est fréquent entre deux personnes, meilleure est la communication. Inversement, le regard fuyant est mauvais signe. De nombreux travaux relatifs au regard et au mouvement des yeux ont été effectués dans le cadre de la P.N.L. (programmation neurolinguistique). Ceux qui souhaitent approfondir cette question peuvent consulter des ouvrages spécialisés.

3. Les gestes d'approbation ou de dénégation

Naturels et spontanés, ils peuvent venir souligner le discours et l'assertivité, ou au contraire traduire l'embarras, l'ennui ou l'indifférence. Sans aller jusqu'au bâillement, bien ou mal réprimé, l'attitude d'un interlocuteur se laissant aller en s'appuyant mollement contre le dossier d'une chaise ou d'un fauteuil n'est pas le signe d'un intérêt débordant pour une conversation.

Les mains ou les bras croisés sont un signe de fermeture, peu propice à l'échange, de même que la tête baissée ou le cou rentré dans les épaules. L'excès de gesticulation traduit souvent l'embarras, comme le fait de fumer, de retirer ses lunettes pour les essuyer, de se gratter la tête, le front, le cou... Les hochements de tête ainsi que le sourire sont des signes d'approbation; le corps penché en avant traduit généralement un vif intérêt pour ce qui se dit.

On interprète spontanément l'ensemble de la communication non verbale d'un interlocuteur et, sans même qu'il ait ouvert la bouche, on est capable de se dire qu'il a l'air plutôt sympathique (souriant, attentif, penché vers l'avant), ou plutôt coincé (les yeux ailleurs, bien calé au fond de son fauteuil et les bras croisés).

Notons toutefois qu'à l'exception peut-être des professionnels de la télévision ou de la présence de très gros défauts, il est généralement recommandé de rester naturel et de s'exprimer avec des gestes en accord avec son tempérament: exubérant si on est méridional, réservé si c'est sa nature. Le comportement appris manque toujours de spontanéité, et l'assertivité consiste aussi à laisser volontiers l'autre se rendre compte de nos sentiments, sans craindre de laisser voir notre embarras, notre angoisse, notre enthousiasme, notre lassitude, etc.

4. Les vêtements et les statuts respectifs

Les vêtements donnent, d'emblée, une première idée d'un interlocuteur. Mais il est surtout important d'avoir l'impression qu'ils lui vont bien, qu'il les a choisis parce qu'il les aime, ce qui est aussi une forme d'assertivité.

Quoi de plus irritant qu'une jeune femme avec de jolies jambes et une jupe très courte, qui passe son temps à tirer dessus comme s'il lui manquait 20 cm? Quand on porte la minijupe, on choisit de montrer ses jambes, et il faut en assumer les conséquences logiques.

Dans l'habillement, les femmes bénéficient d'un immense avantage sur les hommes: la variété des tenues. Selon l'humeur du jour, le temps ou les occupations prévues, elles peuvent diversifier leurs vêtements alors que les hommes n'ont guère que le choix de la couleur de la cravate pour faire varier leur plaisir de s'habiller. À l'exception de certaines professions ou de certains milieux, les hommes restent très traditionnels à cet égard.

Toutefois, le vêtement traduit de moins en moins le statut social, et les vendeurs des boutiques de luxe ont dû s'habituer à ne plus mépriser les clients en jeans depuis qu'ils ont appris qu'un chauffeur pouvait les attendre à l'extérieur. J'ai rencontré des directeurs généraux et quelques hauts fonctionnaires sans cravate (surtout l'été), et des employés vêtus de costumes sombres ou d'impeccables blazers. La surprise peut être encore plus grande chez les femmes: à l'exception du tailleur Chanel, il n'existe guère de moyen permettant de situer une femme dans la hiérarchie sociale simplement en examinant sa tenue. Cette évolution me semble assez positive, puisqu'elle met en présence des hommes et des femmes qui n'ont pas de différence de statut immédiatement décelable. Ce sont simplement des interlocuteurs à qui l'on peut s'adresser en toute simplicité ou en toute assertivité.

Ne tirez pas de conclusions hâtives de la tenue de votre interlocuteur, qui est peut-être simplement celle de sa «tribu»: complet à la présidence d'une banque, couleurs vives dans les milieux de la publicité ou de la mode, tenues excentriques dans le monde artistique, etc. La fin de semaine, par contre, vous pouvez être à peu près certain que chacun choisit réellement la tenue qui lui convient le mieux.

5. Le silence

Bien utilisé, le silence est une preuve d'assertivité et un poids qui peut écraser un interlocuteur. Le silence est souvent difficile à supporter, et, lorsqu'il dure assez longtemps, c'est généralement celui qui prend l'initiative de le rompre qui perd un point dans le dialogue. Encore faut-il s'entraîner pour pouvoir supporter des silences de plus en plus longs.

Jeune vendeur, vous venez faire part à votre directeur régional de l'échec d'une négociation avec un client potentiel qui vous a proposé un pot-de-vin: vous savez que cet usage n'a pas cours dans l'entreprise.

«Alors, je lui ai dit qu'il valait mieux que nous en restions là, et je suis parti... Voilà.»

Le silence s'installe. Si vous le rompez le premier, vous allez vraisemblablement vous remettre en cause, alors que, jusque-là, votre attitude était très assertive: vous avez agi conformément aux règles de l'entreprise qu'en plus, vous approuvez. Il serait dommage de tomber, après quelques secondes de silence, dans un discours du style:

«Évidemment, j'aurais pu dire que je réfléchirais... mais laisser une possibilité d'ouverture...» Votre attitude assertive est parfaitement justifiée, vous l'avez exposée, et le silence pèse maintenant sur la réponse de votre directeur régional: ayez le courage d'attendre sa réponse sans intervenir. Il est probable qu'il approuvera votre comportement si vous ne le remettez pas vous-même en cause.

De la même façon, il serait vain pour un animateur qui vient d'achever un point de l'ordre du jour d'une réunion de demander aux participants: «Avez-vous des questions à poser?» et d'enchaîner sur un autre sujet si aucune question n'a été posée dans un délai de cinq secondes. Là encore, il convient de ne pas craindre le silence et d'être capable d'attendre une bonne demi-minute avant d'aborder le sujet suivant. La première question, en particulier, est souvent longue à venir, puis l'attente silencieuse se réduit ensuite très souvent entre les questions.

Comme les autres manifestations de l'assertivité, l'habitude de supporter le silence s'acquiert par la pratique: oser attendre quelques secondes avant de reparler, puis dix ou quinze, puis une demi-minute. Après, tout devient plus facile. Attention toutefois qu'il ne soit pas interprété comme une preuve d'inattention, d'embarras ou de lenteur d'esprit. Au téléphone en particulier, il est généralement pris négativement. Le silence que vous gérez est consécutif à votre question, qui pèse de tout son poids sur votre interlocuteur: il est opportun d'observer une pause à la fin des phrases suivantes:

«Voilà pourquoi j'estime que l'augmentation que je vous demande est justifiée...»

«Je peux vous accorder les conditions de règlement que vous demandez. Êtes-vous prêt à passer cette commande?»

Mais si, inversement, votre interlocuteur achève sa phrase par un silence, cela signifie qu'il attend une réaction de votre part. Si vous vous installez à votre tour dans un long silence au lieu de répondre après quelques instants de réflexion, votre comportement ressemble alors étrangement à une forme de manipulation:

«C'est le prix le plus bas auquel je puisse descendre. À ce prix, êtes-vous prêt à faire affaire avec nous?...»

Un très long mutisme de votre part remettra de la pression sur votre interlocuteur qui se sentira peut-être obligé de le rompre, en vous annonçant qu'il peut encore faire un dernier effort...

Lorsque vous êtes embarrassé pour répondre à une question, c'est plutôt par le biais de la reformulation que vous gagnerez le temps dont vous avez besoin pour préparer votre réponse:

«Je souhaiterais que vous m'expliquiez pourquoi vous avez posé votre candidature à ce poste.»

«Vous souhaitez savoir quelles sont les raisons qui ont motivé ma candidature à ce poste?... Eh bien voilà...»

«Avez-vous une idée pour faire cesser ce comportement au plus vite?...»

«Les absences répétées d'Emma créent en effet des perturbations dans le service, et j'ai cherché des idées pour que cela cesse...On pourrait par exemple...»

Certes, cette technique ne vous fait gagner que quelques instants, mais le silence traduit votre embarras alors que la reformulation donne plus de poids à votre réponse.

Pour être encore plus efficace, votre silence volontaire sera accompagné d'un regard interrogateur fixé droit dans les yeux de votre interlocuteur. Il ne s'agit pas de le mettre mal à l'aise, mais de souligner que votre intervention est terminée, que vous attendez une réponse claire de sa part, et que vous êtes prêt à l'écouter avec toute votre attention.

III. RÉSUMÉ

Il y a deux sortes de communication: verbale et non verbale.

Une bonne communication verbale comporte la maîtrise des éléments suivants:

— l'observation du rite préalable, associé à une phase d'écoute;

— l'art de poser à bon escient toutes les formes de questions: questions fermées (la réponse est oui ou non), ouvertes (vous redonnez la parole à votre interlocuteur), en retour (pour approfondir ce qu'il vient de vous dire, etc.);

— la forme de votre discours: la façon d'aborder le sujet, le disque rayé (répétition d'une même phrase), le commencement des phrases par «je» pour leur donner un ton personnel, l'usage de la phrase ternaire pour être plus assertif (commencer par une observation, poursuivre par un sentiment, achever par un souhait ou une décision);

— une bonne écoute: selon votre degré d'implication, vous pouvez pratiquer l'écoute passive (souvent mal perçue), l'écoute semi-active (approbation par gestes ou courtes phrases), l'écoute active et l'empathie (pratique de la reformulation).

La communication non verbale transmet également des informations à votre interlocuteur. Elle comporte de nombreux éléments parmi lesquels:

— la distance (intime, confortable, excessive) et les positions respectives;

— le regard et le sourire, qui traduisent très clairement votre intérêt ou votre indifférence à l'égard de ce que vous communiquez ou de ce que vous entendez;

— les gestes, volontaires ou non; les vêtements, qui constituent de moins en moins un bon indice de statut social;

— le silence enfin, bien utilisé, est un excellent outil de communication pour ponctuer votre discours et en souligner des points essentiels.

DEUXIÈME PARTIE

La pratique de l'assertivité dans la vie professionnelle

C'est dans les livres qu'on apprend la vie, pas dans la vie.

PIERRE-JEAN RÉMY,
Un voyage d'hiver

Le mot de Pierre-Jean Rémy m'enchante en raison de son caractère paradoxal derrière lequel j'entrevois cependant une vérité profonde: dans un livre, l'accès direct à des expériences ou à des situations permet de se les approprier. Certaines ont l'air purement anecdotiques, mais d'autres aident à reconnaître sa vie ou à se projeter. Un livre, quel que soit le sujet, sort le lecteur de son contexte habituel pour le faire entrer de façon temporaire, mais approfondie, dans une autre vie. De cette expédition, il est bien rare qu'il ne rapporte pas quelques éléments positifs et enrichissants. C'est ce que je vous propose de trouver dans cette seconde partie.

Les nombreux cas ou exemples qui y sont cités proviennent, pour la plupart, d'expériences vécues et racontées par des stagiaires au cours de nos sessions de formation. D'autres sont issus de mon expérience personnelle, de rencontres ou de souvenirs professionnels. Tous constituent un capital précieux pour «apprendre la vie» d'entreprise. Il n'est évidemment pas question de reproduire tel ou tel comportement, mais plutôt d'en observer la diversité et d'apprécier les uns au détriment des autres. L'ensemble constitue une accumulation d'observations qui ne sauraient remplacer celles que vous pouvez faire vous-même. Du moins, vous aurez ainsi en main la quasi-totalité des clés du comportement assertif. À vous ensuite d'ouvrir les serrures de votre choix pour en développer les aspects qui vous semblent les plus positifs et les plus gratifiants.

Chapitre VI

L'assertivité avec les partenaires de l'entreprise

L'assertivité est utile dans toutes nos relations. Cependant, on peut distinguer deux champs d'application entièrement différents.

Certains individus ont peu de problèmes de communication avec des inconnus: spontanément liants, ils engagent la conversation avec un voisin de table au restaurant, un compagnon ou une compagne de voyage en train ou en avion, un quidam dans un bar. La prise de contact ne leur pose aucun problème. On les dit extravertis, et ce don est souvent très envié. Pourtant, ce ne sont pas toujours les plus assertifs avec leurs proches, chez eux ou dans le cadre de leur travail. Ils se sentent en confiance avec un inconnu parce qu'ils ne voient aucun risque à prendre contact avec lui. Au contraire, avec leurs proches, il peut leur arriver d'étouffer toute spontanéité en raison des conséquences possibles dans l'évolution de leurs relations. On observe même souvent, dans les groupes de formation, des femmes ou des hommes prêts à faire à des tiers (autres membres ou animateurs) des confidences surprenantes dues au seul fait qu'ils sont à peu près certains de ne jamais les revoir. Ce comportement est d'ailleurs, le plus souvent, un terrain très favorable au développement rapide de l'assertivité, en tout cas plus favorable que l'attitude de repli de ceux qui ne livrent rien.

D'autres, au contraire, se sentent relativement assertifs avec ceux qu'ils connaissent ou croient connaître, mais sont pris de panique à l'idée de prendre l'initiative de la rencontre avec un étranger. Gérant bien leurs relations avec leurs proches, ils en assument toutes les conséquences, mais ne supportent pas l'idée de devoir affronter un comportement qui, pour eux, est totalement imprévisible.

La maîtrise complète de l'assertivité implique la gestion de ces deux types de relation avec la même aisance.

I. L'ASSERTIVITÉ AU TÉLÉPHONE

Très souvent, dans le cadre professionnel, le premier contact avec un inconnu s'établit par téléphone. Selon la maîtrise que l'on a de cet outil, on est capable ou pas de l'utiliser avec aisance et d'arriver rapidement à ses fins. Le discours appris par cœur des professionnels du télémarketing est reconnaissable dès les premiers mots, et presque toujours insipide. La voix et les caractéristiques du discours (débit, hésitations, longueur des phrases, articulation) prennent une importance considérable, car la communication par téléphone présente ceci de particulier que le non-verbal en est exclu. Les sourires, les mimiques, les gestes perdent beaucoup de leur efficacité, et la vitesse de réponse doit être beaucoup plus grande que dans le dialogue face à face: un silence de quelques secondes est généralement très mal interprété (Allô! Allô! Vous êtes toujours là?). Les quelques conseils suivants pourront vous aider si vous avez du mal à bien utiliser le téléphone.

1. *Préparez votre appel*

Avant d'appeler un client ou un fournisseur, examinez le dossier quelques instants, sachez précisément qui vous appelez et pour quelle raison, et prévoyez des difficultés normales:

— Votre correspondant est absent ou occupé: allez-vous laisser un message, lui demander de vous rappeler, demander quand vous pouvez le joindre?

— Vous désirez un rendez-vous, et vous prévoyez que votre interlocuteur pourrait bien refuser en raison de sa charge de travail excessive. Allez-vous lui proposer de le rappeler dans un mois, de prendre rendez-vous dès maintenant pour une date très éloignée, ou simplement renoncer? S'il accepte de prendre rendez-vous, il est pour le moins discourtois de le faire attendre parce que vous n'avez pas votre agenda à portée de main!

— Vous tombez sur un répondeur. Si vous n'avez pas prévu ce cas, raccrochez: cela vous évitera de bafouiller lamentablement. Préparez alors tranquillement votre texte et rappelez quelques minutes plus tard en laissant un message clair que votre interlocuteur appréciera. Attention, cette pratique se généralise de plus en plus, en raison de la suppression des secrétaires; il est fréquent, même dans de grandes entreprises, de se trouver branché directement sur le répondeur d'un interlocuteur n'ayant pas de secrétaire qui lui soit personnellement affectée. À vous d'en prendre l'habitude. Vous ne tarderez guère à vous apercevoir que les messages enregistrés doivent être concis, très clairs, et qu'ils ne laissent guère le droit à l'erreur dans la mesure où vous vous êtes identifié dès le début. Si donc vous bafouillez ou ne savez plus quoi dire, vous donnez à votre interlocuteur une piètre image de vous. De plus, vous vous privez sans raison de la possibilité de rappeler.

«Bonjour, je suis Jean Latour de la compagnie Laforêt. Ceci est un message à l'attention de Pierre Duval. Nous sommes mardi, le 11 septembre. Il est 11 h 30. Je souhaiterais prendre un rendez-vous avec vous la semaine prochaine, comme nous en étions convenus. Merci de me rappeler, si vous le pouvez, dans le courant de l'après-midi au numéro... Je vous souhaite une bonne journée.»

2. Un ton unique: celui de la courtoisie

Soyez clair et courtois, quel que soit l'interlocuteur en ligne et, surtout, si vous ne le connaissez pas. Identifiez-vous clairement, d'autant plus clairement que votre nom a une consonance étrangère difficile à saisir. Parlez à tous vos interlocuteurs sur le même ton: c'est, d'une part, une forme de respect de l'autre qui est à la base de la communication assertive et, d'autre part, vous ne pouvez jamais savoir qui vous avez en ligne.

J'étais récemment dans le bureau d'une jeune femme, haut fonctionnaire dans une administration. Recherchant une information dans un dossier, nous passons au secrétariat, inoccupé en fin d'après-midi. Le téléphone sonne, elle décroche. Sans même lui laisser le temps de se présenter, son interlocuteur lui débite le discours suivant:

«Ah! dites donc, il faudrait revoir cette histoire de réunion de lundi après-midi. Ça ne m'arrange pas du tout juste après la fin de semaine, pouvez-vous en parler avec Mme V. et lui demander de me rappeler?

– Avez-vous un problème pour assister à cette réunion?

– Je préfère lui en parler moi-même.

– Monique V. à l'appareil: je vous écoute, puisque vous souhaitez m'en parler.

– Oh! Excusez moi..., je...»

Le reste de la conversation s'achève dans un lamentable bafouillage.

Le cas n'est pas rare, avec la multiplication des lignes directes et des renvois, de tomber sur un interlocuteur inattendu. La courtoisie de votre discours ne peut en aucun cas vous desservir, bien au contraire. Ce ton unique est celui que vous devez avoir avec tous vos correspondants. Qu'il s'agisse de prise de rendez-vous, de réclamation, de demande d'information, elle vous rapportera toujours plus que n'importe quel autre comportement. De plus, si vous savez faire passer votre assertivité au téléphone, vous pouvez obtenir des résultats étonnants:

Évelyne passe la fin de semaine dans l'appartement de son frère pendant que celui-ci est chez des amis. Le dimanche soir, elle constate que la serrure a été forcée et l'appartement cambriolé. Elle fait changer la serrure et cherche alors un moyen de prévenir son frère pour qu'il puisse récupérer la nouvelle clé chez elle, au lieu d'aller directement chez lui. Elle appelle le standard de l'aéroport où il doit arriver.

«Allô! Bonjour Madame, Évelyne B. à l'appareil. Je vous appelle en raison d'un problème personnel grave: je cherche à faire passer un message à un passager du vol 000. Pouvez-vous m'aider?

– Le personnel de l'aéroport est en grève, je ne devrais même pas vous répondre.

– Je vous remercie de l'avoir fait. Voilà mon problème: le passager a été cambriolé, la serrure a été changée, et je souhaiterais le prévenir de l'endroit où il peut aller chercher la nouvelle clé.

– Oh là là, il n'est pas simple, votre problème!

– Je sais. Pensez-vous pouvoir m'aider à trouver une solution?

– Je ne devrais pas. Nous sommes en grève, vous savez.

– Oui, mais ça serait très chic de votre part si vous pouviez trouver une solution.

– Je ne devrais pas, mais je vais essayer de vous passer le bureau du personnel d'accueil, s'il y a quelqu'un...

Nouvel exposé du problème

– Nous sommes en grève, je ne peux rien faire pour vous.

– Ne pourriez-vous pas faire passer un message à l'aéroport de départ, pour demander à mon frère de m'appeler avant d'embarquer? Il embarque dans une heure environ.

– C'est très difficile.

– Je m'en doute, mais cela nous rendrait vraiment un grand service.

– Je vais voir ce que je peux faire: laissez-moi votre numéro à tout hasard.

– Vous êtes vraiment très aimable. C'est rare de tomber sur quelqu'un d'aussi compréhensif. Je vous remercie vraiment de ce que vous pourrez faire.

– Je ne vous promets rien, vous savez.

– Je sais, mais je compte sur vous tout de même.

– Je vais essayer. Au revoir, Madame.

Vingt minutes plus tard, son frère appelait juste avant d'embarquer, après avoir été averti par une annonce faite dans l'aéroport.

Le téléphone est un moyen fantastique de développer son assertivité, dès lors que vous admettez qu'un échec ne tire guère à conséquence.

Vous pouvez essayer, par exemple:

— de négocier le prix d'un objet vendu par le biais d'une annonce;

— d'obtenir une consultation rapide avec un médecin spécialiste dont le carnet de rendez-vous est plein deux mois à l'avance;

— d'obtenir d'une agence de voyages des places d'avion ou de train quand tout semble réservé;

— de faire venir le réparateur de la photocopie en moins d'une demi-journée, conformément au contrat d'entretien;

— de discuter un devis;

— d'obtenir un rendez-vous personnel avec votre député;

— de rechercher une information auprès d'un service public (administration fiscale, poste, mairie, etc.).

En cas d'échec, vous pouvez toujours, comme nous avons tous trop tendance à le faire, mettre en cause votre interlocuteur. Sachez toutefois que, dans presque tous les cas, vous portez au moins une partie de la responsabilité de cet échec, et qu'il vous est certainement possible de faire mieux. Si vous vous en donnez la peine, vous trouverez grâce au téléphone un excellent moyen de développer votre assertivité, de tester la clarté de vos propos et votre agilité d'esprit à répondre immédiatement à une question, ou à ne pas y répondre. Pour un meilleur usage, nous vous recommandons la pratique des exercices suivants:

— Si vous avez décidé de travailler une heure sans être dérangé, et que vous n'avez pas la possibilité de faire filtrer vos appels, essayez (chez vous ou au bureau) de ne répondre à aucun appel pendant une heure. Cela suppose, bien évidemment, que répondre au téléphone ne fait pas partie de votre définition de tâches. Contrairement à ce que l'on croit généralement, ce comportement ne génère aucune catastrophe: on peut laisser sonner un appareil sans y répondre.

— Une autre caractéristique fondamentale du téléphone est, qu'en règle générale, un appel dérange presque toujours celui qui le reçoit. Afin de préserver votre temps de travail, entraînez-vous à dire (si possible aimablement) à votre interlocuteur que vous êtes occupé, et demandez-lui quand vous pouvez le rappeler. Attention, cette formule est la seule acceptable en terme de comportement assertif: lui demander de rappeler est en effet contraire à la règle du respect de l'autre.

— Vous pouvez aussi prendre des rendez-vous téléphoniques. Pour les personnes soucieuses d'efficacité, c'est une excellente façon de travailler: au lieu de déranger votre interlocuteur par un appel non planifié, d'attendre qu'il retrouve le dossier dont vous souhaitez lui parler (éventuellement en présence d'un tiers qui se trouve dans son bureau) et de lui faire perdre son temps, pourquoi ne pas convenir d'un rendez-vous? Mercredi à 17 h, vous serez, chacun de votre côté, disponible et en possession du dossier: pas d'attente, pas d'intermédiaires, pas de temps perdu!

— Nous disions, au début de ce chapitre, que le sourire et les gestes perdent de leur efficacité. Mais ils ne la perdent pas toute: le sourire complice s'entend, les gestes parasites se devinent. Faire passer votre sourire au téléphone peut aussi constituer un très bon exercice, de même que perdre l'habitude de poursuivre une tâche d'une main pendant que vous téléphonez de l'autre.

II. L'ASSERTIVITÉ FACE À FACE

Ce n'est pas un hasard si nous avons choisi le terme de «partenaires» pour désigner les divers interlocuteurs qui se trouvent en relation avec l'entreprise mais sans en faire partie. En effet, il convient de développer un lien de partenariat avec eux, qu'il s'agisse des clients, des fournisseurs, ou des pouvoirs publics. Par «partenariat», nous entendons le développement des intérêts mutuels, la considération réciproque, le soutien éventuel en cas de besoin, la solidarité et les rapports de confiance. À l'intérieur de ce cadre de référence, l'attitude assertive peut s'exercer sur ses deux principaux axes:

— L'écoute, le respect de l'autre, de ses contraintes, de ses besoins, de ses difficultés, de son efficacité.

— L'expression claire de ses propres besoins et de ses décisions: faire savoir à ses partenaires ce que l'on recherche, les informer sans délai des décisions qui les concernent, les associer de fait à la vie de l'entreprise, générant ainsi de leur part une vraie collaboration.

1. Formuler une demande d'aide

Il est surprenant de voir combien d'énergie l'on dépense pour rechercher seuls des informations complexes que l'on pourrait trouver auprès de collègues, de relations ou d'amis mieux placés que soi dans un domaine précis. Certes, en l'absence de tout critère de choix, un annuaire ou un réseau informatique est susceptible de fournir quelques informations sur un partenaire potentiel, mais irait-on y chercher au hasard l'adresse d'un restaurant pour dîner?

Or, autour de soi, des homologues ou des personnes ressources sont, sans doute, susceptibles d'éclairer notre choix. Il entre tout à fait dans le cadre d'une démarche assertive de décrocher le téléphone pour obtenir des recommandations, des références, des opinions. La composante «franchise» de l'assertivité implique de savoir avouer sans complexes son incompétence ou son ignorance dans certains domaines, ce qui ne veut pas dire que l'on est incapable de progresser vers une solution adaptée: nul acheteur ne connaît tous les fournisseurs possibles, nul vendeur n'est certain de réussir auprès d'un client potentiel. En l'absence d'informations, il est souvent beaucoup plus efficace de se tourner vers un interlocuteur connu en qui l'on a confiance que de rechercher seul la meilleure façon d'entrer en contact avec un nouveau partenaire.

Vous recherchez un imprimeur pour une plaquette ou un journal? Prenez un exemplaire de plaquette qui vous paraît bien faite, appelez l'éditeur qui l'a publiée. Expliquez-lui que vous souhaitez réaliser un document de la même qualité, que vous aimeriez savoir qui l'a imprimée et, par la même occasion, obtenir quelques informations sur ce fournisseur.

Vous cherchez un ordinateur portable pour vos vendeurs? Pourquoi ne pas interroger un confrère qui, travaillant dans un domaine voisin, est déjà équipé de ce type de matériel depuis deux ou trois ans?

Vous cherchez à entrer en relation avec le responsable des achats d'une entreprise de mobilier de bureau dont vous ignorez même le nom. L'un de vos clients, qui exerce son activité non loin de là, le connaît probablement. Pourquoi ne pas lui demander conseil avant d'établir votre premier contact?

Ce type de démarche vous fera gagner un temps considérable, à la simple condition d'avouer votre manque de compétence ou d'information dans un domaine, et votre désir réel de vous informer auprès de qui détient une expertise supérieure à la vôtre. Si vous souhaitez pouvoir renouveler cette démarche, n'oubliez pas, une fois votre décision prise, de la faire connaître à vos divers informateurs bénévoles et de les remercier pour leur aide.

Le réseau Internet se prête particulièrement bien à ce type de sollicitations, et il est surprenant de constater qu'une demande d'aide lancée sur un réseau peut vous valoir en retour de nombreuses réponses pertinentes.

Responsable de formation, François recherche, pour l'un de ses collaborateurs, un stage de formation de formateurs. Il a très peu de renseignements sur ce type de perfectionnement, sinon qu'il est généralement de longue durée (deux ou trois semaines), et de qualité très inégale selon les organisateurs. François connaît, par ailleurs, de nombreux animateurs qui en ont suivi. Plutôt que d'interroger lui-même plusieurs organismes choisis plus ou moins au hasard (démarche directe, onéreuse en temps, et dont l'efficacité n'est même pas certaine), François préfère interroger quelques-uns de ces formateurs mieux renseignés que lui sur ce point (une démarche directe par le biais d'une demande d'aide signifie gain de temps et meilleure efficacité). Après quelques appels téléphoniques, François dispose d'une bonne information de base pour sélectionner lui-même un organisme: il a en mains les noms et adresses de trois cabinets qui organisent deux fois par an ce type de stage, et deux vives recommandations pour le choix de l'un d'entre eux.

Ne confondez pas toutefois la recherche d'information avec la délégation de la décision: vous pouvez également faire appel, contre rémunération, à un «expert» qui sera chargé de rechercher la solution. C'est alors lui qui devient responsable du choix qu'il vous conseille, alors que, dans le cadre d'une recherche informelle auprès de vos contacts, vous conservez cette responsabilité. Mais cette relation d'aide est une démarche simple à mettre en œuvre; vous constaterez que les résultats sont généralement très efficaces en raison de la bonne volonté que l'on rencontre très souvent auprès des divers partenaires consultés.

2. Prendre contact et demander ou réclamer assertivement

La sélection de votre futur partenaire est une décision importante. Peut-être ne disposez-vous pas des éléments qui vous permettront de la prendre. Très souvent, certaines considérations pourraient vous conduire à ne pas consulter ceux que vous considérez comme les meilleurs, que ce soit en raison de la modicité de votre besoin ou du coût de leur intervention, que vous jugez, *a priori*, prohibitif. Rien ne vous empêche cependant de faire une tentative: exposer simplement votre problème et demander une estimation ou un devis ne vous coûtera rien et vous fournira immédiatement un prix de référence pour comparer les offres des autres partenaires.

Ayant effectué vos démarches préalables, vous êtes sur le point d'établir un premier contact. De votre assertivité dépendra alors la suite de votre demande: clairement formulée, sans équivoque, elle a beaucoup plus de chances d'être immédiatement transmise à l'interlocuteur le plus compétent, alors qu'elle peut, dans le cas contraire, errer de service en service jusqu'à ce que le processus vous irrite suffisamment pour que vous abandonniez ce partenaire.

Nous avons surtout parlé, jusqu'à présent, de partenaires susceptibles de devenir des fournisseurs rentables de l'entreprise. Il est clair que vous avez, vis-à-vis d'eux, une relative position de force liée au fait que vous leur proposez d'acheter leurs prestations. Mais dans le cadre de vos activités, vous êtes également appelé à nouer des relations sans transactions commerciales. Vous ne bénéficiez plus alors du préjugé favorable accordé automatiquement au futur client, et la nature de vos relations dépend essentiellement de votre talent de communicateur.

C'est souvent le cas, par exemple, avec certains services publics détenteurs d'informations dont vous avez besoin dans divers domaines (réglementation douanière, statistiques, éducation, législation du travail, etc.). L'expérience prouve alors que ce n'est pas par téléphone que vous obtiendrez la meilleure information, mais en vous déplaçant afin de créer une relation personnelle avec certains membres de ces organisations qui, comme vous, apprécient de rencontrer leurs clients pour mieux les satisfaire ensuite.

En présence de votre interlocuteur, et quel que soit le type d'information ou de prestation que vous recherchez, il convient de commencer par exposer l'objet de votre demande aussi clairement que possible (la technique du disque rayé est généralement efficace si la réponse ne vous semble pas claire). Cette règle, qui semble élémentaire, est pourtant celle qui pose le plus de problèmes, sans doute en raison de la crainte que nous avons tous d'une réponse négative; cela rend alors la suite de l'entretien très délicate. Et pourtant, quel est l'intérêt de poursuivre pendant deux heures un entretien qui va se solder par un refus, si on peut le savoir au bout d'une demi-heure?

Par ailleurs, un autre paramètre peut être pris en compte: s'il est difficile d'être assertif dans ses questions, il est également dur de dire «non»; votre interlocuteur n'est parfois pas plus à l'aise pour répondre que vous pour poser la question. Pour développer son assertivité et la vôtre, soyez simple, posez sans ambages la question pour laquelle vous êtes venu le rencontrer:

«Pouvez-vous m'établir un devis gratuit pour l'ensemble de cette réalisation?»

«Votre proposition nous intéresse, mais son prix est trop élevé. Vous est-il possible de la modifier pour ne pas dépasser le montant de quarante mille dollars?»

«Nous avons soumis ce projet, il y a quatre mois. Pour que nous maintenions nos prix, pouvez-vous nous donner une réponse définitive d'ici la fin de ce mois?»

«Nous souhaitons un délai de six mois pour régler la totalité de nos dettes. Voudriez-vous nous préparer un échéancier?»

Nous retrouvons ici l'un des mécanismes fondamentaux de l'assertivité: «Je me sens en droit de poser la question parce que je sais que mon interlocuteur a le droit de répondre "non" (s'il a du mal à dire "non", c'est son problème, et je n'ai pas de raison de le prendre en charge à sa place). J'ai prévu cette réponse négative, ainsi que toutes ses conséquences. Cela ne veut pas dire que je vais renoncer sur-le-champ: je suis prêt à argumenter, à poursuivre le dialogue, mais également à accepter cette réponse négative sans la considérer comme un échec personnel.»

Outre la difficulté de poser la bonne question au bon moment, il faut savoir la faire suivre d'un silence pour attendre la réponse. Toute nouvelle intervention de votre part conduirait en effet à minimiser votre demande. Apprenez à patienter trente secondes sans craindre le poids du silence: il pèse plus sur votre interlocuteur que sur vous-même.

Le ton de votre requête joue également un rôle essentiel: encore une fois, attention à ne pas confondre assertivité et agressivité.

Vous savez, en raison de votre expérience d'acheteur, que nul ne paye, par exemple, un photocopieur (ni beaucoup d'autres produits, d'ailleurs) au prix affiché. Si un vendeur vous propose d'abord celui-ci, vous avez deux attitudes possibles:

— une attitude agressive:

«C'est le prix affiché que vous m'annoncez: vous ne croyez tout de même pas que je vais payer ce prix-là!»

D'emblée, vous amorcez le conflit: agressif envers votre interlocuteur, vous obtiendrez difficilement les meilleures conditions.

— une attitude assertive:

«Le prix indiqué me semble élevé, mais je suppose qu'il est négociable, comme chez vos confrères?»

Vous avez simplement fait savoir à votre interlocuteur que vous êtes au courant des usages de la profession, et qu'il a donc intérêt à vous faire une proposition qui souffrira la comparaison avec celles de ses concurrents. Il n'a aucune raison de vous en faire grief, puisque c'est en somme une «bonne» information que vous venez de lui livrer.

Dans bien d'autres cas, le résultat de votre démarche dépendra encore de sa formulation initiale.

Passive:

«Je suis désolé de vous ennuyer avec cela, mais l'installation téléphonique que vous avez réalisée ne nous donne pas entière satisfaction. Sans doute nous n'y sommes pas encore habitués, mais beaucoup de nos correspondants sont irrités quand les communications sont coupées, ce qui arrive assez souvent. Pensez-vous pouvoir arranger cela?»

Votre présentation minimise le problème: peu assertive, elle peut faire croire, en toute bonne foi, que vous n'êtes pas tout à fait satisfait alors que vous avez toutes les raisons d'être mécontent. Encore faut-il oser le dire clairement.

Agressive:

«Votre installation, c'est nul, zéro! La communication coupe une fois sur deux, et nous courons à la catastrophe. Vous allez nous trouver un vrai spécialiste et nous l'envoyer aujourd'hui même, ou je vous garantis que je vais vous faire de la publicité!»

Votre intervention est extrêmement agressive et risque donc d'indisposer votre interlocuteur: s'il n'a qu'un spécialiste sous la main et trois clients à dépanner, pensez-vous que c'est chez vous qu'il ira en priorité? Votre agressivité vous a peut-être soulagé, mais c'est rarement le meilleur moyen d'arriver à ses fins.

Assertive:

«Nous avons beaucoup de problèmes avec la nouvelle installation: les communications sont très souvent coupées au lieu d'être transférées, ce qui irrite naturellement beaucoup nos interlocuteurs. Nous avons besoin d'une solution rapide, que pouvez-vous nous proposer?»

Votre demande est claire, assertive, et devrait amener une réponse de même nature. À défaut, vous pouvez, si nécessaire, avoir recours à la méthode du disque rayé jusqu'à ce que la solution proposée vous donne toute satisfaction. L'avantage essentiel de la formulation assertive est qu'elle responsabilise votre interlocuteur sans le culpabiliser: il est informé du problème, de sa gravité et devrait être disposé à le prendre en charge.

Les occasions ne manquent pas pour vous entraîner à la formulation assertive des réclamations: travaux mal exécutés ou hors délais, relations avec les administrations, exécution des clauses de garantie, etc.

Pour être encore plus assertif, évitez de minimiser votre propos par l'usage d'adverbes ou d'adjectifs qui atténuent votre formulation, par exemple: je suis un peu ennuyé, je ne suis pas tout à fait satisfait, pouvez-vous me faire une petite remise? Pour que votre demande soit suivie de l'effet que vous escomptez, n'ayez pas l'air de la considérer vous-même comme disproportionnée: vous encouragez ainsi votre interlocuteur à la refuser. Au contraire, une formulation positive et assertive montre votre détermination et rend un refus plus difficile.

Savoir partir fait aussi partie du comportement assertif. Il n'est pas rare d'échouer dans une négociation pour n'avoir pas décelé le moment opportun du départ: si votre interlocuteur manifeste des signes d'impatience (il examine des dossiers personnels, il regarde sa montre, il téléphone à un collègue), c'est que vous avez probablement dépassé, sans vous en rendre compte, le temps qu'il comptait vous consacrer. À vous de trouver rapidement une façon élégante de prendre congé, ce qui est plus agréable que d'y être invité, même très courtoisement. Une bonne technique est de demander, au début de l'entretien, combien de temps votre interlocuteur est prêt à vous accorder. Si la réponse est une demi-heure, vous savez qu'il vous faut tenter de conclure avant la fin de ces trente minutes. Dites alors, tout naturellement, que vous ne souhaitez pas dépasser le délai fixé, et posez la question pour laquelle vous êtes venu. Ne croyez pas ajouter ainsi une contrainte: si réellement votre discours le passionne, c'est lui qui vous fera savoir qu'en fait, il peut disposer d'une heure ou plus, ce qui est un bon indicateur de votre succès.

3. Écouter pour mieux argumenter

Dans un dialogue, très peu nombreux sont ceux qui savent réellement écouter: c'est pourtant la méthode la plus efficace pour chacune des parties de recueillir des arguments. Au début d'un entretien, on n'a aucun autre moyen de savoir de façon certaine ce qui peut réellement intéresser son interlocuteur. On a, certes, un objectif. Mais le talent des bons négociateurs est aussi d'être parfois capable d'abandonner temporairement leur objectif pour traiter celui de l'autre. Encore faut-il pouvoir le déceler; les premières minutes de la conversation sont décisives.

Si vous entamez le discours que vous avez préparé dans votre voiture ou en prenant un café juste avant votre rendez-vous, vous perdez toute chance d'apprendre les faits importants qui préoccupent votre interlocuteur. Idéalement, votre premier souci devrait toujours être de consacrer quelques minutes à l'écoute, pendant la phase rituelle d'observation, avant de vous précipiter pour présenter votre projet. À l'issue de cette première phase, à vous de juger rapidement et avec discernement, si l'intervention de votre vis-à-vis mérite que vous changiez votre fusil d'épaule et que vous abandonniez votre but initial, ou bien s'il est opportun de le lui présenter comme prévu.

Le manque d'écoute est l'erreur la plus couramment commise par la plupart des vendeurs. Sans doute est-ce parce que l'on a trop insisté, au cours de leurs sessions de formation, sur la nécessité de connaître leur argumentaire par cœur et de le réciter à tous les acheteurs potentiels — ce qui nous semble une ineptie. Les meilleurs vendeurs sont, au contraire, capables d'écouter attentivement les acheteurs, de les faire parler, et de réinvestir ce qu'ils ont entendu dans une proposition originale et adaptée, plutôt que de débiter un discours standard nécessairement moins percutant.

Ce travail souterrain est celui de tout bon négociateur: très attentif aux propos de son interlocuteur, il utilise toutes les informations ainsi recueillies pour préparer un entretien réellement construit en fonction des besoins exprimés par l'autre, et se garde bien d'avoir un comportement courant qui se révèle le plus souvent inadapté.

Dès le début de l'entretien, votre interlocuteur va vous livrer, sous la forme d'affirmations, une grande quantité d'informations comme:

«Vous qui êtes sur le marché du travail, quelles sont vos impressions sur les tendances les plus récentes?»

«Avez-vous eu l'occasion de visiter notre stand lors de l'exposition du mois dernier?»

«En tant que sous-traitant, votre activité doit être très liée à celle de l'automobile?»

La réponse à une question très générale peut fournir des renseignements précieux:

«Avez-vous terminé la préparation de vos budgets de l'an prochain?»

— Pas encore tout à fait: notre nouveau directeur s'y intéresse très vivement et a fait des coupes sombres.

— C'est un financier?

— Un ingénieur diplômé du Massachusetts Institute of Technology (MIT) qui s'intéresse surtout à la finance.

— C'est un homme de quel âge?

— Une quarantaine d'années.

— Et ces coupes sombres pourraient concerner votre budget?

— Difficile à dire. Sans doute pas les investissements, mais il semble chercher à réduire à la fois les effectifs et les frais de fonctionnement. Pour l'instant, cela crée une atmosphère assez tendue.»

En trois phrases, si vous avez bien écouté, vous avez appris les informations suivantes:

Le nouveau directeur est un ingénieur d'une quarantaine d'années, qui pouvait donc se trouver au MIT en même temps que votre propre directeur. Vivement intéressé par la finance, il va raisonner de façon totalement différente de son prédécesseur, qui s'intéressait surtout au marketing. Vos dossiers devront donc désormais privilégier cet aspect financier. Son objectif prioritaire semble être d'investir pour limiter les dépenses de fonctionnement. Il vous faudra donc le persuader de la rentabilité des investissements que vous allez lui proposer, car c'est sans doute essentiellement de ce critère que dépendra sa décision. Enfin, il n'est pas exclu qu'il y ait des licenciements dans un avenir proche.

En règle générale, contrairement aux débats télévisés, l'efficacité d'un entretien ne se mesure en aucun cas au temps de parole respectif des parties en présence, mais plutôt à la qualité de l'écoute d'un des deux interlocuteurs, à condition qu'il sache ensuite en tirer parti.

Pour conclure, il est important de dire que votre attitude d'écoute peut aider l'autre à s'exprimer: l'assertivité n'est pas encore une qualité très répandue, et vous apprendrez plus en utilisant judicieusement la reformulation ou des questions ouvertes qu'en faisant subir à votre interlocuteur un questionnaire, si bien fait soit-il.

4. Négocier

À l'université Harvard, au cours des années soixante-dix, s'est constitué un groupe de travail sur les méthodes de négociation, conduit par Robert Fisher et William Ury. Ce groupe a travaillé longtemps sur des cas très divers de négociation (personnelle, financière, syndicale, internationale, etc., ainsi que la prise d'otages) et a finalement mis au point une méthode connue sous le nom de «Méthode de négociation raisonnée», dont les quatre principes fondamentaux constituent une bonne pratique de l'assertivité.

Séparer clairement le problème de l'interlocuteur

Comme vous, l'interlocuteur cherche à trouver une solution à son problème. Il le voit peut-être simplement d'une façon différente, ce qui ne veut pas dire qu'elle soit erronée ou invraisemblable. Faites l'effort de comprendre comment il voit le problème (empathie), et vous ferez déjà un grand pas vers la solution commune.

Vous vendez des appartements: accoutumé à parler en millions, vous en vendez plusieurs chaque mois, et une vente n'est qu'un élément de satisfaction qui fait partie de votre carrière. Pouvez-vous cependant comprendre que, pour l'acheteur qui est en face de vous, cette décision d'achat est l'une des plus sérieuses qu'il prendra dans toute sa vie? Peut-être la seule. Elle revêt donc, pour lui, une importance capitale. Il est normal qu'il cherche à s'entourer de garanties, qu'il se renseigne, hésite, ait besoin d'être rassuré.

La confiance ou la sympathie que vous ressentez ou non à l'égard de votre interlocuteur ne devrait en rien modifier votre approche du problème ou votre façon de le traiter: votre objectif commun est de trouver une bonne solution, quels que soient vos sentiments à l'égard du négociateur qui se trouve en face de vous. Votre première démarche assertive sera donc d'obtenir son accord: souhaite-t-il, comme vous, trouver une bonne solution au problème que vous allez traiter conjointement? Ce préalable, trop souvent omis dans les négociations, est une excellente introduction pour le déroulement d'une négociation efficace.

Rechercher l'intérêt commun, et non la défense d'une position

Si vous tentez de négocier avec pour seul objectif d'imposer votre solution, vous n'avez pratiquement aucune chance de réussir. Nous insistons souvent, dans nos stages de formation pour les vendeurs, sur la latitude de négociation qui leur est laissée: comment négocier lorsque la seule marge de manœuvre concerne l'allongement de trente jours du délai de règlement ou une remise de 3 p. 100 pour paiement comptant? Former des vendeurs à la négociation, soit! Mais à condition qu'ils aient un certain pouvoir pour modifier leur position initiale sans devoir demander le feu vert à chaque instant. Négocier, c'est avant tout faire preuve d'une attitude flexible, être capable de modifier sa position de départ, donc disposer d'un pouvoir pour conclure un accord sans en référer à une autorité supérieure. Dès lors, l'important est d'être prêt à en faire le meilleur usage possible, c'est-à-dire d'être capable de déceler quels sont les critères essentiels pour votre interlocuteur. Il est fort probable que certains ne sont pas incompatibles avec les vôtres, et qu'il vous soit possible de modifier votre position initiale afin de les satisfaire. Souvenez-vous que négocier, ce n'est pas amener l'autre à adopter son point de vue, seul acceptable, mais modifier chacun progressivement des positions inconciliables au départ afin d'arriver ensemble à une position finale susceptible de satisfaire les deux parties.

Inventer ensemble de nouvelles options

Utilisez votre cerveau droit, celui qui gère la créativité. Si votre interlocuteur a des exigences particulières, cela peut être l'occasion, pour l'entreprise, de créer un nouveau produit ou un nouveau service vendable ailleurs par la suite. Explorez sans crainte l'ensemble de ses exigences, en cherchant ensemble des solutions satisfaisantes pour vous deux.

Il se peut que la solution finale soit très éloignée de chacune de vos propositions initiales, signe que vous avez établi un véritable dialogue créatif, et c'est souvent ainsi que se mettent en place les accords les plus féconds. N'écartez aucune option ou suggestion *a priori*, sans l'avoir entièrement et objectivement étudiée. De votre volonté commune de trouver un terrain d'entente dépendra, le plus souvent, le résultat de la négociation.

Décider à partir de critères objectifs

Essayez de définir ensemble les critères de satisfaction susceptibles d'être utilisés pour aboutir à un accord: durée d'un contrat, prix maximum, performance d'un matériel, conditions de financement, service après-vente, garantie, fourniture de pièces détachées, répartition des bénéfices, etc. Explorez ensemble les usages de la profession, les divers types d'accord possibles, et définissez des critères acceptables par les deux parties.

Un exemple simple permettra sans doute de mieux saisir l'utilisation de cette méthode.

Un entrepreneur a commencé le lundi des travaux dans votre appartement. La durée du chantier était fixée à une semaine, et tout devait être terminé le vendredi soir. Mercredi soir, à la suite de difficultés imprévues lors des démolitions (on a découvert, dans une cloison à abattre, une conduite d'eau et des fils électriques encastrés), l'entrepreneur vous informe que les travaux dureront deux à trois jours de plus. Il a retiré un ouvrier du chantier et annonce le mercredi suivant comme date pour la fin des travaux. Comment négocier dans le cadre de la «négociation raisonnée»?

Recherche d'un intérêt commun

«Je suis très contrarié par ce contretemps. Pouvons-nous voir ensemble ce qu'il est possible de faire pour y remédier?

– Je veux bien, mais de mon côté je ne peux rien faire.

– Êtes-vous prêt à m'aider à trouver une solution?

– Je ne vois pas comment!

– Moi non plus, mais pouvons-nous chercher ensemble?

– Pourquoi pas, après tout.»

Définir des critères objectifs de satisfaction

«En ce qui me concerne, j'aimerais trouver un moyen pour que tout soit terminé dimanche soir.

– Vous ne vous rendez pas compte de ce qui reste à faire.

– Peut-être, mais c'est le résultat auquel j'aimerais arriver. Êtes-vous d'accord pour essayer?

– Ça va vous coûter cher.

– Nous verrons le problème du prix après, si nous trouvons une solution qui permette de terminer dimanche.

– On peut toujours essayer.»

Inventer ensemble de nouvelles options

«Cet ouvrier que vous avez retiré, peut-il revenir?

– Il est sur un autre chantier.

– Ceci explique une partie du retard. Quand pouvez-vous le faire revenir?

– Éventuellement vendredi mais, pour une journée, ça ne changera rien.

– Vous voulez dire que ça n'ira pas plus vite avec un ouvrier en plus?

– Si, bien sûr, mais ça ne suffit pas pour finir vendredi.

– Que faudrait-il pour terminer vendredi?

– Une journée de travail en plus pour l'équipe de trois.

– Pensez-vous qu'ils accepteraient de travailler samedi?

– Peut-être, mais pas au même prix.

– Nous verrons la question du prix plus tard. S'ils acceptent de travailler samedi à trois, ils achèvent samedi soir?

– Sans aucun doute.

– C'est une solution qui m'arrangerait beaucoup. Croyez-vous que ce soit possible et quand pouvez-vous me donner une réponse?

– Demain matin.

– Vous-même, trouvez-vous que ce soit un accord équitable?

– Ça dépend du prix que vous êtes prêt à payer. Mais dans son principe général, oui.

– Une journée supplémentaire pour les trois, ça va coûter combien?

– Autour de six cents dollars.

– C'est plus que je pensais, mais je suis prêt à en payer quatre cents.»

Le reste n'est plus qu'affaire de négociation du prix. Grâce à la volonté commune de résoudre le problème, la solution élaborée en commun répond aux exigences des deux parties.

Résultats: pour le client, une seule journée de retard et le dimanche pour tout remettre en état, au prix d'un supplément légitime; pour l'entrepreneur, un (léger) manque à gagner sur ce chantier, mais un client satisfait, et les chantiers de la semaine prochaine qui débuteront sans retard. C'est une négociation réussie d'où sortent deux gagnants grâce à la solution créative proposée.

Enfin, la phase ultime de la négociation, qui a pour objet de finaliser votre accord, peut souvent être facilitée par une ultime concession. Par exemple, un acheteur est sur le point de se décider, mais, pour une raison qui vous échappe, en dépit de votre bonne écoute, vous avez l'impression qu'il souhaite remettre à plus tard sa décision, alors que toutes les circonstances sont favorables. C'est le moment de mettre en œuvre la méthode de l'ultime concession, c'est-à-dire d'ajouter le petit poids dans la balance pour emporter la décision. Cette dernière offre se présente souvent sous la forme suivante:

«Si je pouvais… (vous livrer dans la semaine, ramener le prix à dix mille dollars, mettre la garantie à un an, pièces et main-d'œuvre incluses, vous fournir le présentoir gratuitement, vous reprendre l'ancien matériel à sa valeur vénale, vous consentir un délai de règlement de six mois sans frais, etc.), seriez-vous prêt à conclure maintenant?

Il est bien évident que vous êtes effectivement prêt à consentir ces conditions sur le champ pour obtenir la conclusion d'un accord. Sinon, vous êtes dans le domaine de la manipulation, et non dans celui de l'assertivité, et le délai qui vous est nécessaire pour obtenir l'autorisation d'accorder cette concession peut, en fait, jouer contre vous; vous laissez, pendant ce temps, le champ libre à un concurrent pour faire une contre-proposition.

Veillez cependant à être clair et assertif: cette dernière proposition n'est valable que si vous emportez le contrat signé. Autrement, vous allez tomber dans le travers qui consiste à proposer une «ultime concession» à chacune de vos visites, abandonnant ainsi progressivement toute la marge de l'entreprise.

De la même façon, vous pouvez (j'allais écrire «vous devez») utiliser cette méthode si vous êtes en position d'acheteur: si votre choix est pratiquement arrêté en faveur d'un fournisseur, pourquoi ne pas tenter d'obtenir un avantage supplémentaire en lui disant:

«Je suis prêt à conclure maintenant si... (vous m'assurez la livraison et la mise en service sans frais, vous me faites la première traite à quatre-vingt-dix jours, vous vous contentez de 20 p. 100 à la livraison, etc.).»

C'est alors une sorte de partie de poker qui se joue entre acheteur et vendeur, chacun cherchant à obtenir l'accord final au moindre coût, tout en sachant pertinemment, dans certains cas, que l'accord proposé est déjà satisfaisant et qu'il sera donc difficile de revenir sur cette dernière exigence sans perdre la face.

Enfin, c'est aussi une forme d'assertivité que de reconnaître le talent de négociateur de son partenaire, et d'être capable de lui dire, au moment de conclure:

«Vous êtes un bon professionnel et un bon négociateur: je suis satisfait de l'accord que nous venons de conclure, même s'il a été difficile à obtenir: cela prouve que nous n'avons négligé aucun point important, et je pense que vous en êtes aussi satisfait que moi.

5. *Dire «non»*

Apprendre à dire «non» à propos est l'un des apports fondamentaux de l'assertivité: dire «non» à un fournisseur agressif ou discourtois peut être une satisfaction. Mais lorsqu'on a affaire à des partenaires compétents et efficaces, cela se révèle souvent plus difficile que l'on croyait: là réside une de leurs forces. Encore une fois, c'est par la pratique que l'on y parvient. En disant clairement «non» à un partenaire actuel ou potentiel de l'entreprise, vous pouvez vous assurer de nombreux avantages:

— éviter d'entrer dans une discussion stérile en réponse à une demande exorbitante: «Non, nous ne pouvons pas vous livrer ces épinglettes en une semaine: notre délai normal est d'un mois. J'aimerais d'ailleurs savoir si vous connaissez certains de nos confrères capables de vous livrer sous un délai aussi bref.»

— exposer clairement un point sur lequel votre position (ou celle de l'entreprise) sera intransigeante: «Non, nous ne pouvons pas accepter de règlement en liquide pour vous éviter de payer les taxes.»

— vous assurer la reconnaissance (parfois implicite) de votre interlocuteur pour lequel une réponse négative franche peut constituer un avantage: en tant que candidat à un nouveau poste, ne croyez-vous pas qu'il est préférable d'entendre une réponse négative dès la fin du premier entretien plutôt que de la recevoir par courrier trois mois plus tard, alors que la décision était prise dès ce premier entretien?

— gérer correctement votre temps: comment respecter votre plan de travail si vous acceptez que n'importe qui vienne le bouleverser? Apprenez à refuser la date ou l'heure d'un rendez-vous qui ne vous convient pas, à ne pas prendre une communication téléphonique qui vous dérange, à partir et à arriver à l'heure en dépit des importuns. Sachez aussi faire la nécessaire différence entre ceux que vous ne pouvez pas recevoir actuellement, faute de temps, mais que vous verrez plus tard, et ceux que vous avez décidé de ne pas recevoir. Ne dites pas (ou ne faites pas dire) que vous n'avez pas le temps lorsque vous n'en avez pas l'intention. Vous ferez, en outre, gagner du temps à vos partenaires.

— donner avec la même sérénité les réponses négatives et positives: si vous consultez trois sous-traitants pour un même chantier, vous aurez à dire «non» à deux d'entre eux. Faites-le courtoisement et assertivement, plutôt que de suivre la méthode traditionnelle qui est de prévenir le seul sous-traitant retenu et d'attendre que les autres se manifestent pour leur faire connaître votre refus.

— enfin, être en accord avec vous-même et refuser lorsque vous l'avez décidé.

••

Je me trouvais, peu avant Noël 1988, dans le bureau du responsable des services généraux d'une entreprise. Sa secrétaire vient l'avertir que le préposé chargé de la distribution du courrier demande à le voir un moment. Fort courtois, ce responsable me prie de bien vouloir l'excuser quelques minutes et demande à sa secrétaire de lui trouver cent dollars. Il me rejoint quelques minutes plus tard:

«C'est pour les étrennes. Ils ne manquent pas de culot: après deux mois de grève, ils reprennent le travail et viennent chercher leurs étrennes. Nous avons eu les pires ennuis à cause d'eux, et ils font comme si de rien n'était.

–Mais vous-même? Pourquoi ne pas lui avoir dit ce que vous venez de me dire? Pourquoi lui avoir donné cent dollars? Comme d'habitude, je présume?

– C'est difficile de dire "non".»

N'est-ce pas?

••

III. RÉSUMÉ

Vis-à-vis des partenaires de l'entreprise, votre assertivité peut se manifester aussi bien au téléphone que face à face.

Au téléphone:

— Préparez vos communications, de façon à ne pas être surpris par une situation ou un comportement que vous n'avez pas prévu; le délai de réaction étant plus bref, ce n'est que si vous avez préalablement réfléchi à votre appel que vous éviterez d'être pris au dépourvu.

— Si vous tombez sur un répondeur, ne vous identifiez que si vous êtes sûr de savoir quoi dire ensuite. Sinon, raccrochez et préparez votre message avant de rappeler pour l'enregistrer.

— Utilisez le même ton courtois quel que soit votre interlocuteur, du standard à la direction générale. Sachez faire passer votre message en le répétant sans impatience. Prenez également conscience qu'au téléphone comme ailleurs, le droit à l'échec existe.

Enfin, sachez que l'on peut utiliser autrement le téléphone:

— ne pas répondre lorsqu'on l'a décidé;

— répondre pour différer une conversation en proposant de rappeler (sans oublier);

— prendre des rendez-vous téléphoniques.

Face à face:

N'hésitez pas à solliciter l'aide bénévole et souvent efficace de relations professionnelles: reconnaissant votre moindre compétence, faites appel à ceux qui en possèdent une plus vaste.

N'oubliez pas de les tenir ensuite informés de vos décisions, sans toutefois les assimiler aux «experts» engagés à titre onéreux et donc responsables de leurs recommandations.

Prenez contact avec de nouveaux fournisseurs, avec les services publics. Osez élargir le champ de vos relations professionnelles, en prenant toujours soin de formuler très clairement vos demandes.

Ne cherchez surtout pas à monopoliser la parole dans le dialogue: l'écoute bien utilisée est une grande force qui vous permettra ensuite de réinvestir les propos les plus pertinents de votre interlocuteur dans votre propre discours. C'est souvent en l'écoutant attentivement que vous trouverez vos meilleurs arguments.

Demandez clairement ce que vous souhaitez obtenir, sans craindre ni un instant de silence ni une réponse négative de l'autre.

Négociez plus efficacement en mettant en œuvre la méthode de négociation raisonnée:

— séparer le problème de l'interlocuteur;

— rechercher l'intérêt commun et non la défense d'une position;

— inventer de nouvelles options favorables aux deux parties;

— décider en commun à partir de critères objectifs;

— utiliser enfin en votre faveur le principe de l'ultime concession qui consiste à obtenir un dernier avantage avant de conclure définitivement votre accord;

— savoir dire «non» seulement lorsque cela vous semble réellement nécessaire pour éviter des discussions stériles ou sans objet;

— faire connaître les points sur lesquels votre position sera très ferme;

— enfin, gérer correctement le temps de négociation et demeurer en plein accord avec vous-même.

CHAPITRE VII

L'assertivité à l'intérieur de l'entreprise

Les relations que l'on entretient avec l'ensemble des collaborateurs de l'entreprise sont obligatoirement des relations suivies, que l'on a tout intérêt à maintenir à un certain niveau de cordialité. S'il est presque toujours possible de se défaire d'un consultant déplaisant, d'un vendeur jugé désagréable, voire d'un client avec lequel les relations deviennent difficiles (par exemple en l'attribuant à un autre vendeur), il est généralement impossible de se défaire d'un collègue que l'on juge importun ou de cesser toute relation avec la responsable de la comptabilité qui nous irrite. On ne choisit pas ses collaborateurs. On a donc intérêt à vivre avec eux en bonne intelligence, autant que faire se peut. Tout naturellement, leur attitude dépendra en grande partie de notre propre comportement. Là encore, l'assertivité peut rendre de très nombreux services, en particulier dans le cas des situations de conflit ou de désaccord profond.

I. LES RELATIONS AVEC LES COLLÈGUES

Les relations avec les collègues de travail sont celles qui devraient poser le moins de problèmes, puisqu'en est exclu le lien d'autorité: en règle générale, il ne s'agit pas de relation de commandement mais de travail en bonne intelligence. Il n'y a pas de sanction à la clé, mais simplement une tâche à exécuter: tout va se dérouler dans de bonnes ou de mauvaises conditions selon le mode de relation. En fait, le climat de travail dépendra du style de rapport que l'on est capable d'instaurer dans son unité. Il importe de pouvoir vivre en harmonie avec ses collègues de travail, que ce soit de la sympathie ou de l'antipathie que l'on éprouve à leur égard. Il est certes plus facile d'entretenir de bons contacts avec les collaborateurs sympathiques, mais il est également important de vivre le quotidien avec tous. C'est souvent moins difficile à faire qu'on ne le croit, à condition d'accepter d'en prendre l'initiative.

1. La relation d'aide

Cette relation est fondamentale dans le cadre du travail: elle traduit en fait la solidarité qui vous lie à vos collègues: logés à la même enseigne, ou peu s'en faut, ou bien vous partagez les bonnes et les mauvaises périodes, ou bien vous vivez dans un climat de conflit permanent qui n'est propice ni au travail ni à l'épanouissement personnel.

La relation d'aide prend en compte deux composantes: d'une part, le respect et la confiance que vous accordez à vos collègues, d'autre part, les limites que votre propre assertivité fixe à leurs demandes. La réciprocité est évidemment la règle, et vous n'obtiendrez d'aide qu'exceptionnellement si vous n'êtes pas prêt à en donner vous-même.

Michel travaille dans un bureau de traduction, et doit rendre pour la fin de la semaine un travail très technique relatif à la recherche médicale. Mercredi soir, il n'en a pas achevé la moitié et se rend compte qu'il ne lui sera pas possible de le terminer pour vendredi soir. Deux de ses collègues sont susceptibles de lui venir en aide, et il décide de s'adresser à Jean-Paul:

«J'ai un problème avec le texte de la conférence que je traduis: je vais moins vite que prévu, car c'est un texte très technique, et je ne pourrai pas finir pour vendredi. Crois-tu pouvoir me donner un coup de main? J'ai entendu dire que tu as une certaine expérience des conférences médicales, non?

– Exact, je participe à une ou deux par année. Mais j'aimerais savoir ce que tu appelles un coup de main: si c'est une heure ou deux, il n'y a pas de problème.

– Pour y arriver, je pense qu'il faudrait que tu me prennes une douzaine de pages: compte tenu de la difficulté, cela représente, à mon avis, environ trois à quatre heures.

– Tu n'y vas pas de main morte! Je les prends où, moi, ces trois ou quatre heures?

– Je ne sais pas, ce n'est pas évident. Mais je te pose simplement la question: si tu ne peux pas, je terminerai pendant la fin de semaine et je laisserai tomber la randonnée que j'avais prévue. Mais si tu peux, ça me rend un grand service, à charge de revanche bien sûr.

La demande de Michel est assertive, bien formulée, et ne doit pas gêner Jean-Paul, même s'il décide finalement de refuser. Dans le cas présent, il a accepté de passer une soirée chez Michel, et ils ont achevé le travail ensemble.

Cette relation d'aide peut revêtir, comme dans le cas de Michel, un caractère strictement professionnel. Mais elle peut également se trouver mêlée à la vie personnelle, particulièrement dans le cas où une difficulté liée à la vie privée interfère avec le travail: voiture indisponible, conjoint en voyage, problèmes avec les enfants, les vacances, l'école, etc. C'est, le plus souvent, en exposant de façon assertive la situation que vous obtiendrez le plus de compréhension et d'aide.

Cette relation d'aide n'est pas, bien évidemment, réservée à vos collègues du même service: vous pouvez avoir besoin d'un dossier qui se trouve dans un autre service, d'informations d'une autre direction, etc. Le principe est toujours le même: formulez assertivement votre demande en en expliquant les motifs, sachez faire preuve d'empathie si votre interlocuteur ne peut pas répondre à votre demande; souvenez-vous qu'il a aussi le droit de dire «non», et, à l'occasion, renvoyez l'ascenseur. Si la démarche est trop difficile pour vous, faites-vous aider ou présenter par un tiers. À part encore dans quelques services où on joue à la guérilla, ces relations se passent généralement très bien, et vous avez tout à gagner en cherchant à bien communiquer avec l'ensemble des services de l'entreprise.

Pour faire le point, arrêtez quelques instants votre lecture et prenez la peine de réfléchir aux relations que vous entretenez avec vos collègues de travail.

Dans votre service:

— Êtes-vous satisfait des relations que vous entretenez avec les collègues que vous voyez tous les jours?

— Pouvez-vous, sans problème, solliciter leur aide lorsque vous en avez besoin?

— Lorsqu'ils font appel à vous, savez-vous bien dire «oui» ou «non» sans agressivité, lorsque vous le jugez nécessaire?

— Si vous n'êtes pas entièrement satisfait, qu'avez-vous envie de changer?

— Comment allez-vous vous y prendre?

— Êtes-vous prêt à assumer le risque correspondant?

Si vous décidez d'entreprendre une action pour améliorer cette relation d'aide avec eux, il n'est pas inutile d'en mettre les grandes lignes par écrit, puis de vous fixer un plan progressif des actions à entreprendre, par exemple au cours du mois suivant.

2. Les comportements ou les situations difficiles

Il peut arriver qu'un collègue ait un comportement que vous jugez difficilement supportable. Manipulateur, il s'arrange pour vous faire attribuer l'essentiel du travail ou les tâches les plus ingrates. Envahissant, il sème son désordre là où vous essayez de maintenir l'ordre indispensable à votre travail. Sans-gêne, il vous dérange dix fois par jour, et vous l'avez même surpris à fouiller dans vos affaires personnelles. Désinvolte, il critique votre façon de travailler et votre côté perfectionniste. Timide, il vous adresse la parole deux fois par jour, pour dire bonjour et bonsoir. Séducteur, il ne cesse de vous faire des avances que vous jugez ridicules. Orgueilleux, il a sans cesse un petit ton méprisant qui vous irrite.

Face à ce type de situation, l'assertivité vous propose une démarche type en trois phases:

— décider de vous attaquer au problème;

— ne pas faire de reproche, mais exposer objectivement la situation et votre sentiment par rapport à celle-ci (souvenez-vous de la formulation ternaire);

— demander l'accord de votre interlocuteur pour, ensemble, rechercher et appliquer des solutions.

Philippe, aide-comptable, partage depuis trois mois un bureau avec trois de ses collègues. Très peu communicatif, il n'a jamais rien dit de sa vie personnelle. Alors qu'auparavant l'atmosphère était plutôt détendue, elle est jugée de plus en plus pesante par Josiane, qui assiste à l'un de nos stages. Elle choisit ce cas pour mettre en œuvre une solution. Les trois phases prévues sont les suivantes:

– elle prend la décision de parler à Philippe dès qu'elle se trouvera seule avec lui, ce qui arrive assez souvent le matin, tôt;

– son discours s'orientera autour du thème suivant: «Tu parles très peu et je ne sais rien de toi, ce qui me gêne. Du coup, je n'ose pas te parler non plus, et je le regrette.»

– «Si tu es d'accord, je te propose que nous fassions chacun un effort pour entamer un vrai dialogue. Je pense que nous y gagnerons tous les deux.»

De retour en stage après trois semaines d'interruption, Josiane nous fait part du résultat de sa démarche. Elle a rencontré Philippe et lui a fait part de ses intentions. Il a eu l'air à la fois soulagé et paniqué. Refusant de parler de lui au bureau, il a proposé un déjeuner pour discuter tranquillement. Au cours de cette rencontre, Josiane a appris que sa femme demandait le divorce, et qu'il supportait très mal cette situation. Il avait depuis peu entamé une psychanalyse et se sentait coupable envers le monde entier. En fait, Philippe a beaucoup apprécié la démarche de Josiane. Depuis, il communique à peu près normalement avec elle, mais il lui a demandé de garder ses confidences secrètes; son comportement envers les autres collègues n'a donc pratiquement pas changé. L'objectif actuel de Josiane est de l'amener à parler également avec les autres, afin de restaurer un meilleur climat de travail.

Frédérique, récemment sortie d'une école supérieure de commerce, vient de trouver un poste de chargée d'études. Elle a vingt-cinq ans et de jolies jambes qu'elle montre volontiers. Régis, son collègue, a quarante-cinq ans, une femme et deux enfants, et il n'est pas insensible à ses charmes. Depuis le début du mois d'août, il ne tient plus en place. Il va la voir dans son bureau dix fois par jour et cherche à la faire venir dans le sien sous divers prétextes qui ne trompent personne, et surtout pas Frédérique. Excédée, celle-ci décide de s'attaquer au problème de front.

«Depuis mon arrivée dans ce service, j'ai la très nette impression que vous vous intéressez beaucoup plus à moi qu'à votre travail. J'essaie de faire le mien de façon satisfaisante, mais vous me dérangez sans arrêt sous n'importe quel prétexte. Vous m'avez invitée à dîner six fois depuis le début du mois. Je croyais mes refus assez éloquents. Je voudrais vous dire que je suis ici pour travailler, que j'ai une vie personnelle que je conduis comme je l'entends, et que je ne souhaite en aucun cas vous y associer. Je voudrais que cela soit bien clair entre nous, et qu'il n'en soit plus question. C'est le seul point négatif dont j'aie à me plaindre dans ce travail, mais cela devient un enfer pour moi. Peut-on essayer de régler ensemble ce problème une fois pour toutes?

– Je ne m'attendais pas à une réaction aussi... violente de votre part. C'est vrai que vous me plaisez bien; vous avez des tenues qui me donnent des idées. Comment voulez-vous que je ne pense qu'au boulot dans ces conditions? Je ne suis pas fait en bois!

– Je choisis mes tenues comme je l'entends. Mais revenons à mon problème: que proposez-vous pour le régler?

– On pourrait peut-être sortir ensemble une fois?

– Vous avez du mal à comprendre. La réponse est dé-fi-ni-ti-vement non. Je ne peux pas être plus claire. Je souhaite qu'il n'en soit plus question.

– Vous en parlez à votre aise. Chaque fois que je vous vois passer, ça me donne des idées.

– Gardez vos idées pour vous. Je ne veux plus en entendre parler.

– Je veux bien essayer, mais je ne garantis pas les résultats.

– Moi, si. Je veux pouvoir travailler avec vous sans arrière-pensée. Je ne veux plus en entendre parler. Vous êtes d'accord?

– D'accord pour essayer en tout cas.»

L'intervention de Frédérique, qu'elle essaie de formuler de façon assertive au début de l'entretien, tourne très vite à l'agressivité. Il est vrai qu'elle est excédée par le comportement de Régis et qu'elle libère d'un coup un ressentiment très fort accumulé depuis plusieurs semaines. Elle parvient néanmoins à ses fins (ou obtient tout au moins un engagement verbal de Régis en ce sens), mais il est plus que probable que leurs relations vont se dégrader. En fait, Frédérique a sans doute trop attendu avant de parler à Régis. Tout conflit ou situation difficile gagne à être abordé de front le plus tôt possible. Plus vous différez la discussion, plus vous accumulez de l'agressivité à l'égard de votre collègue, et plus vous aurez du mal à intervenir de façon rigoureusement assertive. Souvenez-vous que le comportement assertif a une frontière commune avec le comportement agressif, mais que ce dernier ne vous donnera pas tous les avantages du premier.

II. LES RELATIONS AVEC LES SUPÉRIEURS

Les relations avec les supérieurs sont souvent plus complexes puisqu'elles combinent (ou pourraient combiner) un mode de communication personnel et la notion d'autorité.

Trop souvent, les employés considèrent leur supérieur comme une machine à donner des ordres ou à distribuer le travail, et non comme un être humain, avec ses forces, ses faiblesses, ses ennuis, ses passions, sa vie familiale, ses propres supérieurs, ses contraintes, son humeur, etc. Combien d'entre nous avons avec lui une conversation sur un autre thème que les problèmes professionnels? Or, il est important, pour bien communiquer, de prendre son interlocuteur pour un homme ou une femme capable de nous écouter et même de nous comprendre. Si nous nous adressons au titulaire d'un poste, sans tenir compte de sa personnalité, nous n'avons aucune chance de créer un vrai dialogue. Pour établir une relation saine avec un supérieur, il convient de mieux le connaître et de se persuader qu'il est prêt à nous écouter.

Vous-même, que savez-vous de votre patron? Est-il bien vu de sa hiérarchie? Bien dans son poste et dans sa peau? Savez-vous où il part en vacances? Comment il passe ses fins de semaine? Ce qui le passionne et ce qui l'ennuie? Je ne vous suggère pas de lui poser demain toutes ces questions (qu'il pourrait bien trouver indiscrètes), mais de le voir simplement comme un homme (une femme) comme vous. Apprenez donc à quitter parfois votre réserve, à sortir du contexte strictement professionnel et parlez-lui comme à un interlocuteur que vous êtes capable d'écouter.

Vis-à-vis des supérieurs, le style de management de l'entreprise joue également un rôle très important: très directif ou autoritaire, il ne facilite évidemment pas la communication. Très participatif, il encourage le dialogue. Voici des styles très divers, qui se définissent assez clairement par la forme de la communication. Dans la plupart des services publics (à l'exception des enseignants), l'usage est de se vouvoyer, et les décisions sont rarement prises de façon collégiale. Toutefois, certains responsables sont en train de changer, à leur niveau, ce climat qu'ils jugent pesant et peu propice à l'efficacité du travail. Certaines entreprises privées demeurent très formelles mais quelques-unes ont adopté un ton beaucoup plus convivial: tout le monde se tutoie, il arrive de rencontrer le directeur général au restaurant d'entreprise, et le ton du discours ne varie guère, que l'on s'adresse à un collègue ou à un cadre supérieur dont vous séparent plusieurs échelons.

Un environnement de ce genre favorise bien évidemment le développement de l'assertivité vis-à-vis des supérieurs, mais ce type d'entreprise est encore assez rare. Nous avons toutefois la conviction que ce style de management ne peut que se développer en raison à la fois de sa plus grande efficacité, et du fait qu'il sera de plus en plus recherché à l'embauche par les meilleurs candidats, très sensibles à la qualité du climat. Les efforts conjoints de tous les niveaux hiérarchiques pour développer une attitude assertive entraînent peu à peu la perte du formalisme au profit d'une convivialité plus efficace.

1. Osez formuler vos demandes

Pour la plupart des collaborateurs, la demande d'aide devrait se trouver dans la zone de confiance, en raison du rôle du supérieur hiérarchique, supposément plus compétent, mieux formé et plus expérimenté, vers lequel on serait tenu, tout naturellement, de se tourner en cas de difficulté. En fait, il apparaît que ce comportement se situe très souvent dans la zone de risque.

Christelle est cadre moyen dans un organisme public et vient de terminer le rapport sur l'accueil du public que son directeur lui a demandé. C'est un travail bien fait qui comporte une bonne analyse de la situation actuelle, décèle des dysfonctionnements et propose des solutions créatives et adaptées. Son directeur l'a apprécié, au point de lui demander de le présenter en réunion de direction (où seront présents une dizaine de directeurs que Christelle n'a jamais rencontrés). Elle se voit déjà en pleine zone de panique et envisage trois solutions:

– dire «non», en refusant de parler elle-même des résultats de son travail. Elle se place ainsi volontairement en retrait, avoue avoir atteint son niveau d'incompétence et ne pas vouloir saisir une occasion de se mettre en valeur;

– dire «oui» sans commentaires et courir tout droit à la catastrophe inévitable que produit systématiquement une ingérence dans la zone de panique;

– solliciter l'aide de son directeur en lui expliquant pourquoi de la manière suivante: «Je sais que vous appréciez ce rapport, mais je me sens incapable aujourd'hui de le présenter seule en réunion de direction. Je n'ai jamais fait ce type de présentation. Je sais qu'il y aura des questions ou des objections, et je ne me sens pas capable d'y répondre. Pouvons-nous prendre deux ou trois rendez-vous d'une heure pour préparer ensemble cette intervention?»

Dans ces conditions, Christelle se replie de la zone de panique vers sa zone de risque (et de progrès) et va pouvoir, avec l'aide de son directeur, prendre un premier contact positif avec l'ensemble des directeurs, au lieu de se dévaloriser (si elle dit «non») ou de risquer de se ridiculiser (si elle essaie de préparer seule son intervention).

Au voisinage de la demande d'aide, mais dans un registre un peu différent, se trouve le cas assez fréquent de celui qui ou bien n'a pas assez de travail, ou bien s'ennuie dans le cadre de son poste actuel. Faut-il poursuivre sans rien dire l'exécution d'un ouvrage que l'on juge répétitif et sans intérêt, ou bien aller franchement exposer le problème à son supérieur? Si vous souhaitez vous voir confier d'autres tâches et montrer que vous êtes capable de les mener à bien, pourquoi ne pas en faire la demande?

On pourrait sans peine multiplier les exemples de demandes plus ou moins délicates à formuler auprès de la hiérarchie: changement d'horaire ou d'équipe, travail à mi-temps, augmentation de salaire, formation, vacances. Dans tous ces cas, le plus grand risque que vous courez est de vous faire répondre «non». Mais en l'absence de toute démarche personnelle, il n'y a aucune raison pour que votre désir secret soit satisfait. Sortez de votre réserve, demandez assertivement, et démontrez (à l'occasion) votre capacité à accepter un refus.

Dans votre situation actuelle:

— Avez-vous des demandes importantes que vous n'osez pas formuler?

— En dehors des demandes importantes (mutation, promotion), votre travail quotidien ne serait-il pas plus agréable si vous réclamiez ce que vous souhaitez?

— Êtes-vous prêt à mettre en œuvre une démarche assertive en essayant de commencer par des demandes mineures?

— Quand allez-vous commencer?

2. Exprimer clairement son opinion

La principale conséquence du manque d'assertivité envers ses supérieurs est qu'ils perdent l'habitude de nous consulter, surtout si nous avons la coutume d'approuver systématiquement toutes leurs idées ou leurs suggestions. Pourtant, on dispose parfois d'éléments qu'ils ont négligés, et dont la prise en considération peut infléchir une décision importante. Il est donc essentiel d'apprendre progressivement à donner un avis clair et précis chaque fois que l'on est sollicité, et même, parfois, sans l'être. Les décideurs, à très haut niveau, sont le plus souvent entourés d'un *staff* de conseillers, ce qui montre bien leur souci d'aller chercher des compétences qu'ils ne possèdent pas, mais dont ils ont besoin. À de moindres niveaux, le problème n'est guère différent: un éclairage nouveau, un élément technique supplémentaire ou une idée originale permettront aux dirigeants de reconsidérer leur vision du problème et de prendre, grâce à nos interventions, de meilleures décisions. L'approbation tacite et systématique de toutes les opinions provenant des niveaux supérieurs n'est pas une forme de respect de la hiérarchie, mais une ineptie. C'est la confrontation des opinions qui génère les bonnes décisions. On trouve trois stades dans la prise de position.

Le premier stade est d'être capable d'exprimer son avis en face de son supérieur direct.

Vous contestez le bien-fondé d'une décision; vous imaginez des conséquences qui n'ont pas été évoquées; vous souhaitez mettre de l'avant de nouveaux arguments: savez-vous demander un entretien et formuler toutes ces remarques sans agressivité? Si vous ne le faites pas, vous n'avez guère de chances de les voir prises en compte!

Le second, plus difficile, est d'exprimer clairement son opinion en face d'un supérieur de niveau plus élevé que l'on rencontre rarement.

Vous déjeunez tranquillement à la cafétéria. Le directeur général, qui n'y vient jamais (c'est bien votre chance), vient s'asseoir à votre table avec son plateau et vous demande très naturellement: «Alors, cette enquête sur le climat social de l'entreprise, ça avance?» Comme vous n'avez jamais eu l'occasion de le rencontrer personnellement, vous supposez qu'il vient de demander qui vous êtes et votre fonction dans l'entreprise. Zone de confort, de risque, de panique?

Si vous êtes dans la zone de confort, vous saurez en profiter pour faire valoir la rapidité avec laquelle vous avez déjà réalisé toute la partie concernant les usines, et les informations intéressantes que vous en avez tirées.

Dans la zone de risque, vous allez peut-être chercher à savoir ce que votre directeur général a retenu des conclusions que vous avez déjà rédigées, et ce qu'il pense de vos suggestions.

Dans la zone de panique, vous allez, ou bien ne pas répondre (euh..., oui) ou bien vous contenter d'exprimer vos difficultés, le peu de compréhension rencontré sur le terrain, les problèmes d'interprétation. Bref, vous allez mettre en avant tous vos points faibles sans faire valoir la qualité du travail déjà réalisé.

Enfin, le stade ultime, qui se trouve souvent dans la zone de panique, est de demeurer assertif au cours d'une réunion qui regroupe de nombreux niveaux hiérarchiques supérieurs au nôtre. Dans la plupart de ces séances, on remarque que ceux qui occupent les postes les plus importants monopolisent la parole, alors qu'ils n'ont, le plus souvent, qu'une connaissance superficielle des dossiers gérés par leurs collaborateurs. Un bon exercice consiste, si vous assistez à une réunion de ce type avec votre supérieur, à lui demander, avant la réunion, de vous laisser exposer vous-même le dossier ou de répondre aux questions le concernant. Avec un peu de pratique, vous verrez comme il devient facile de demeurer dans la zone de confort lorsqu'on est seul à connaître parfaitement un dossier.

Dans l'entreprise, vous possédez certaines compétences que vous êtes seul à avoir (connaissance de certains clients, d'une machine particulière, de quelques dossiers, d'un fournisseur, etc.). Lorsqu'on évoque l'un de vos problèmes, prenez la parole pour faire part de votre opinion. Vous êtes le plus qualifié pour en parler. Si vous estimez qu'un sujet est urgent, prenez l'initiative d'en débattre: c'est ainsi que vous ferez reconnaître vos compétences et que vous serez, peu à peu, plus souvent consulté, à condition de faire connaître clairement votre opinion.

3. Le droit à l'erreur

En n'exprimant jamais votre opinion, vous avez un avantage certain: on ne viendra jamais vous reprocher d'avoir soutenu un projet qui s'est révélé catastrophique, ou d'avoir contribué à l'abandon d'une idée dont l'auteur était réellement fier. Vous ne prenez aucune responsabilité, et vous vous installez dans un rôle subalterne que vous avez, de fait, choisi. Ainsi, vous adoptez l'attitude de fuite passive, limitant volontairement au minimum vos interventions. Si c'est un choix délibéré de votre part, nous espérons simplement que vous avez dans la vie d'autres centres d'intérêt. Mais si vous désirez en sortir pour adopter une attitude plus assertive, sachez que vos prises de position peuvent se révéler erronées et assumez d'avance les responsabilités que cela peut impliquer: le droit à l'erreur est un droit coutumier reconnu dans la plupart des entreprises — sous réserve toutefois de ne pas en abuser.

Viviane est cadre supérieur dans une administration. Son directeur apprend que le ministre de tutelle va visiter la direction. Il convoque d'urgence son équipe pour préparer le discours de présentation. Viviane et le sous-directeur portent le même jugement sur le projet de discours du directeur: intellectuel, abstrait, sophistiqué. Tous deux persuadent le directeur de faire un projet plus simple et plus court; ils en rédigent des morceaux à titre d'exemple et finissent par écrire ensemble un discours très éloigné du projet initial.

Le grand jour arrive. Le directeur, qui n'est pas loin de sa zone de panique, fait de son mieux pour lire ce discours, dont il n'est pas vraiment l'auteur, et dont il n'approuve ni le fond ni la forme. Il est donc plat, ennuyeux, et donne une piètre image au ministre. Mais comme il est aussi remarquablement intelligent, il ne fait pas retomber cet échec sur ses collaborateurs: c'est bien lui seul qui a finalement choisi l'allocution, et ses collaborateurs lui ont donné plusieurs fois la preuve de leur compétence et de leur dévouement. En fait, il a manqué d'assertivité, en n'ayant pas eu le courage de conserver son discours initial malgré leur désapprobation unanime, et en dépit de sa très bonne connaissance des cabinets et des ministères.

Antoine est directeur commercial d'une petite entreprise et cherche à recruter un responsable de l'administration des ventes. Au cours d'une présélection, il a retenu trois candidats, mais il n'est réellement attiré que par un seul, Gérard, qui semble présenter toutes les qualités requises pour le poste. Dans cette petite structure, les postulants sont également reçus par le directeur financier, pour avis consultatif, et par le directeur général. Ces deux derniers sont d'accord pour préférer une autre candidature à celle de Gérard. Antoine est très résolu et décide de se battre pour défendre son favori: après tout, c'est lui qui vivra quotidiennement avec lui. Il reprend le curriculum vitæ de Gérard, et fait tant et si bien qu'il obtient le feu vert du directeur général.

Six mois plus tard, Antoine s'aperçoit qu'il a commis une très grosse erreur de jugement: Gérard est très séduisant, beau parleur, mais manque d'entregent. Très laxiste vis-à-vis des délais de paiement des clients, des erreurs d'expédition de l'usine, de son personnel, il travaille peu; de plus en plus de dossiers se retrouvent directement sur le bureau d'Antoine, faute d'avoir trouvé une solution au service administratif des ventes.

Peu assertif, Antoine chercherait à dissimuler son erreur et à faire au mieux avec ce piètre collaborateur. En réalité, nous l'avons vu dans sa façon de défendre son candidat, Antoine est très assertif. Il fait donc part de son erreur de jugement au directeur général, qui résiste courageusement au plaisir de lui dire: «Je vous l'avais bien dit!» et l'assure de son soutien pour mettre au pas ou licencier ce collaborateur totalement inefficace.

Pour conclure, on peut dire que le droit à l'erreur est la juste contrepartie des nombreuses décisions ou responsabilités que vous êtes appelé à prendre dans l'entreprise. Comme vous calculez le risque, vous devez évaluer les possibles conséquences d'une erreur. Si elles vous paraissent très importantes, n'hésitez pas à consulter votre supérieur ou quelques collègues en qui vous avez confiance: c'est ainsi que vous apprendrez à réduire votre taux d'erreurs, à condition de suivre les conseils que vous avez sollicités. Ne dépensez pas la même énergie pour défendre un projet que vous avez élaboré avec soin et qui présente toutes les garanties de réussite, et une idée qui vient de vous venir à l'esprit et que vous trouvez très séduisante en raison de son originalité.

4. Faire valoir ses résultats

Les entreprises sont généralement organisées de telle façon qu'il y a peu de moyens de contrôle mis en place pour déceler les tâches particulièrement bien faites. En l'absence de structure spécialisée à cette fin, et dans la mesure où vous êtes directement concerné par l'évaluation de la qualité de votre travail, c'est à vous qu'il appartient de souligner vos résultats et de les faire connaître lorsque vous le jugez opportun.

Dans une structure normale, votre supérieur direct est souvent bien informé de vos résultats. Mais vous avez peut-être mené à bien une tâche difficile, en respectant les délais, en dépit d'obstacles imprévus. Pourquoi ne pas lui en faire part? Si votre patron pratique un style de management qui le conduit à ne mentionner que les échecs, et si vous souhaitez qu'il modifie ce comportement, c'est à vous qu'il appartient de prendre l'initiative en lui demandant assertivement et au bon moment ce qu'il pense de votre travail. Ne craignez pas l'autosatisfaction, sous réserve qu'elle soit justifiée: pourquoi ne pas être fier de votre travail et le dire sans complexe lorsque vous avez atteint un objectif difficile? Sans vous mettre sans cesse en avant, ce qui pourrait devenir irritant, dites-vous que vous avez en permanence une information complète sur la qualité de vos résultats, et que nul n'est finalement mieux placé pour les rappeler de façon opportune:

«Nous avons atteint et maintenons depuis deux mois l'objectif qualité: moins de 1 p. 100 de pièces défectueuses.»

«Savez-vous combien de commandes j'ai pris ce mois-ci chez de nouveaux clients? Plus de dix!»

«Finalement, toute la documentation va être référencée et reclassée un mois avant la date prévue.»

À de rares exceptions près, les cadres apprécient beaucoup les manifestations d'une attitude assertive de la part de leurs collaborateurs. Un cadre responsable d'une dizaine de personnes doit en effet être informé de tout événement important survenant dans son unité: demande de l'encadrement supérieur ou d'un autre service, réclamation ou service rendu à un client, erreur ou omission, etc. La situation la plus désagréable pour lui est de n'être pas au courant, ce qui lui donne toujours le très mauvais rôle.

On ne manque jamais de rappeler aux cadres et à leurs collaborateurs qu'ils ont l'information qu'ils méritent, c'est-à-dire que chacun encourage ou décourage, par son attitude, la transmission d'information. L'attitude d'écoute, en particulier, est absolument indispensable à tous ceux qui souhaitent être rapidement et bien informés.

Aujourd'hui dans votre entreprise:

— Avez-vous l'impression que la qualité de votre travail est reconnue?

— Vous l'a-t-on clairement dit?

— Vous-même, qu'avez-vous fait pour la mettre en évidence?

— Avez-vous clairement abordé le sujet?

— Avez-vous l'intention de le faire?

5. *Dire «non»*

Dire «non» à un supérieur est souvent considéré par la plupart de nos stagiaires comme la chose la plus difficile à faire: à les entendre, on croirait que le simple fait de dire parfois «non» est un cas de licenciement. Il est cependant vrai qu'à force de dire toujours «oui», beaucoup manquent de l'assertivité nécessaire pour refuser lorsque ce serait opportun. Bien évidemment, votre refus doit être justifié. Vous allez être appelé à argumenter, et, sans doute, vaut-il mieux préparer soigneusement votre réponse. Mais si votre «non» est légitime, vous contribuez à la bonne marche de l'entreprise, et l'encadrement vous en sera généralement reconnaissant.

Pierre est responsable d'un gros système informatique. À la suite d'un audit, il est informé de l'adoption par la direction générale d'un projet visant à installer un réseau de micro-ordinateurs reliés entre eux, et qui aura pour résultat l'abandon de l'ancien système. Le directeur général lui demande de prendre en charge ce projet.

Informaticien de la première génération, Pierre n'a suivi que de très loin la fulgurante progression de la microinformatique. Il se sent tout à fait incapable de mettre en place le nouveau réseau, même avec l'aide de consultants extérieurs. Il réfléchit beaucoup avant de refuser, craignant que son poste ne soit supprimé au profit d'une embauche extérieure. Après avoir finalement pris la décision de dire «non», on lui a proposé d'embaucher lui-même un collaborateur compétent et de profiter de la période de mise en place (un an) pour se perfectionner lui-même dans ces domaines. Cette attitude assertive lui a permis de mener à bien le projet, ce qu'il n'aurait jamais pu faire en disant «oui» à la première proposition.

Armelle est une informaticienne de très bon niveau, cadre dans une grande entreprise. Un audit informatique est organisé par un consultant extérieur de renommée mondiale. Les intervenants sont, au dire d'Armelle, des demi-dieux dans leur domaine: efficaces, créatifs, travaillant jour et nuit, ce qui commence à lui poser des problèmes. En effet, Armelle est leur principal interlocuteur, et il n'est pas rare qu'elle assiste avec eux à des réunions qui commencent à 14 h pour se terminer souvent vers 21 h ou 22 h. Au bout d'un mois, Armelle est excédée: elle ne voit presque plus son mari ni ses enfants, qui comprennent son problème, mais qui n'apprécient guère ses nouveaux horaires. On peut noter ici qu'Armelle aurait pu être assertive plus tôt et dire «non» dès les premières manifestations de ce mode de travail un peu particulier. Le fait d'avoir attendu un mois lui rend la tâche un peu plus difficile, mais elle vient de se décider. Elle réunit son directeur et les consultants concernés et leur explique posément qu'elle a une vie familiale à laquelle elle tient, qu'elle consent à faire des efforts pour mener à bien le travail entrepris, mais qu'elle ne saurait poursuivre dans ces conditions. À moins de circonstances exceptionnelles, il n'y a aucune raison pour que ce travail ne puisse pas être réalisé dans le cadre des horaires de travail habituels. Elle demande aux consultants de bien vouloir s'y plier.

Après de longues négociations et un usage important de la méthode du disque rayé, elle obtient gain de cause à l'exception d'une réunion plénière par quinzaine qui ne peut se tenir qu'à 18 heures.

Dans ces deux cas, il était difficile de dire «non»: Pierre devait avouer clairement un niveau d'incompétence (et en assumer les conséquences éventuelles), et Armelle proposer une limitation volontaire de son temps de travail, deux aveux rarement acceptés avec enthousiasme par la hiérarchie.

Pourtant, après avoir couru le risque, ils ont obtenu gain de cause. En fait, la franchise de leur démarche est déjà un premier point très positif: c'est dans l'intérêt de l'entreprise (ou du projet concerné) qu'ils n'hésitent pas à faire part d'un facteur de dysfonctionnement, même s'ils en sont responsables. Ce n'est pas le projet lui-même qu'ils remettent en cause, mais ses modalités d'exécution, et ils sont prêts à en rechercher de meilleures.

Pour accroître vos chances de succès lorsque vous dites «non», nous recommandons de suivre les étapes suivantes:

— Ne dites jamais «non» sur un coup de tête: plus la décision est importante, plus il convient de la prendre après réflexion; vous n'êtes jamais tenu de répondre immédiatement à un choix délicat et pouvez toujours demander du temps pour peser le pour et le contre.

— Préparez votre argumentation: vous avez des raisons professionnelles (manque de temps, incompétence) ou personnelles (situation de conflit, raison de santé, crainte de l'échec) qui expliquent votre décision. Votre interlocuteur doit pouvoir la comprendre (ce qui ne veut pas dire qu'il va l'approuver) à la lumière de vos explications logiques. À ce stade, envisagez aussi l'hypothèse qu'elle puisse être refusée, ainsi que les conséquences de ce refus, que vous pouvez avoir à développer.

— Soyez extrêmement assertif: votre réponse doit comporter le mot «non» et ne pas être trop longue: ne confondez pas explication avec justification. Si vous tentez de vous justifier, c'est que vous estimez votre décision mal fondée. Or, ce n'est pas le cas: exposez-la clairement, ainsi que ses motifs.

Un silence final donnera plus de poids à votre décision. Vous devez être prêt à la soutenir si votre supérieur essaie de vous faire changer d'avis; une fois encore, la méthode du disque rayé peut ici être utilisée avec succès.

Dans votre poste actuel:

— Vous arrive-t-il de dire «non»?

— Avez-vous eu l'occasion de le regretter?

— Dans l'affirmative, aviez-vous bien réfléchi à votre décision et préparé votre argumentation?

— Si cela ne vous arrive jamais, en avez-vous souvent envie?

— Êtes-vous maintenant prêt à faire un essai?

III. LES RELATIONS AVEC LES COLLABORATEURS

Au cours de nos stages, nous effectuons souvent un exercice qui consiste à rédiger, en groupe, une liste ordonnée des qualités d'un bon patron. Très régulièrement, nous retrouvons, quelle que soit la composition des groupes, les deux mêmes qualités en tête de liste: le respect des collaborateurs et l'ouverture au dialogue. Les autres qualités jugées essentielles ne viennent qu'ensuite: parmi elles, la compétence, l'équité, l'esprit de décision, le poids dans l'organisation, le charisme, etc.

1. Le respect d'autrui et de ses convictions

Je ne suis pas d'accord avec ce que vous dites,
mais je me battrai jusqu'au bout pour
que vous ayez le droit de le dire.

VOLTAIRE,
Dictionnaire philosophique

On aimerait rencontrer plus souvent des chefs d'entreprise pratiquant et défendant la liberté d'expression avec la même énergie que Voltaire. Une telle liberté suppose, en effet, un respect des collaborateurs et de leurs opinions, respect qui est une condition essentielle au bon fonctionnement d'un établissement, et qui peut revêtir plusieurs aspects:

— Respect de la vie privée: dans le cadre professionnel, vous devez vous intéresser de très près à la qualité du travail effectué, mais cela ne vous autorise en aucun cas à franchir le mur de la vie privée, surtout si certains de vos collaborateurs semblent se retrancher fermement derrière. Il est normal de vous intéresser à tous les aspects de leur vie — s'ils le souhaitent (*voir le chapitre sur l'intimité*). Mais tant que leur vie privée n'affecte pas la qualité du travail réalisé, inutile de leur poser des questions pour savoir s'ils vivent avec une femme ou un homme, s'ils se sont couchés tard la veille ou s'ils aiment la musique afro-cubaine. Ils vous en parleront volontiers s'ils en ont envie, mais certaines questions personnelles risquent de vous mettre tous deux dans l'embarras et de détériorer alors votre climat de travail.

— Respect des convictions: politiques, religieuses, morales. Si vous devez, à titre exceptionnel, réunir l'ensemble de votre service un samedi, vous devez admettre qu'un juif pratiquant refuse d'assister à cette réunion, sans argumenter pour lui en démontrer l'importance. Vous pouvez avoir, autour de vous, des rigoristes pratiquant une morale d'ascète, des libertins qui ne se cachent pas de l'être, des écologistes, des végétariens, des militants d'un parti ou d'un autre, etc. Ces convictions, dans la mesure où elles ne s'accompagnent pas d'actions de prosélytisme sur le lieu de travail et n'entravent en rien la bonne exécution des tâches, doivent être sans influence sur le jugement strictement professionnel que vous portez sur vos collaborateurs. Il est certes normal que vous ayez plus de sympathie pour ceux qui partagent vos idées, mais il n'est pas opportun d'en faire état. Nul ne vous oblige à avoir envie de dîner ou de partir en vacances avec tous vos collaborateurs: il est suffisant de pouvoir travailler avec eux dans un bon climat.

Respect de la vie privée et des convictions ne veut toutefois pas dire indifférence: sans être le moins du monde indiscret, vous avez accès à certaines informations concernant la vie de vos collaborateurs: âge, situation de famille, nombre d'enfants, et vous êtes tout naturellement tenu informé de certains des événements majeurs de leur vie: mariage, divorce, naissance, etc. À ces occasions, il est normal que vous manifestiez de l'intérêt pour leur vie privée. Vous verrez bien alors quelle est leur réaction, et s'ils souhaitent s'étendre sur le sujet ou cherchent au contraire à l'éviter. Une telle démarche peut, par exemple, vous aider à comprendre le détachement inhabituel d'un employé pour son travail, alors que son fils vient d'être hospitalisé, ou à choisir entre ces deux autres qui vous demandent leurs vacances pendant la même période alors qu'une permanence doit être assurée.

Ce respect de la personnalité de vos collaborateurs peut aller plus loin, et vous conduire, parfois, à encourager leurs efforts de développement personnel: si l'un d'eux, que vous appréciez tout particulièrement, vient vous demander l'autorisation de déposer une demande de mutation constituant pour lui une promotion, un refus de votre part n'est guère acceptable: il a là sinon une occasion unique, du moins une chance à saisir pour développer sa carrière. Pensez-vous qu'il aura toujours envie, à la suite de ce refus, de faire preuve de la même bonne volonté dans l'exécution de son travail? De votre côté, vous estimez qu'il est difficilement remplaçable. Songez un instant à ce que deviendrait une entreprise dans laquelle tout l'encadrement généraliserait ce comportement de maintien du statu quo à tout prix. Il est probable qu'après quelque temps, c'est à l'extérieur de cette entreprise que les meilleurs éléments iraient rechercher leurs promotions.

Même si cela constitue une gêne réelle pour le fonctionnement de votre entreprise, vous devez encourager la formation et la promotion de vos collaborateurs. Pour vous, le handicap ne peut être que temporaire; par contre, votre refus constitue une forme d'agressivité ou de manipulation incompatible avec le maintien d'un bon climat de travail.

2. Évaluer et faire connaître les résultats de votre évaluation

La notion de qualité est souvent très mal définie dans les organisations, et l'un des griefs reprochés à l'encadrement est de ne pas définir précisément les critères d'évaluation de la qualité et les attentes à ce niveau. D'après certains de nos stagiaires, le mode d'appréciation le plus répandu serait le suivant: si la qualité de mon travail n'est pas conforme à ce qui est attendu, je vais le savoir très vite en raison des reproches qui vont me tomber dessus. Dans le cas contraire, s'il ne se passe rien, c'est signe que mon travail a donné toute satisfaction.

Un tel système d'appréciation par défaut (en l'absence de reproches, je dois considérer que je fais du bon travail) représente une erreur importante de la part de ceux qui sont en charge de la conduite des hommes: ils les privent ainsi de l'un des moteurs essentiels du travail bien fait, le besoin de reconnaissance pour la qualité du travail réalisé. Il est important de flatter le légitime orgueil du meilleur vendeur de la région (ou de l'entreprise), d'un chef d'entretien ingénieux et inventif, de celui qui a donné satisfaction à un client difficile qui venait pour une réclamation. Ce sentiment, au départ tout à fait individuel et personnel, se trouve considérablement renforcé lorsqu'il est souligné de façon assertive par le niveau hiérarchique supérieur. De fait, bien des dirigeants sont plus avares de compliments que de reproches, quelle que soit la qualité de leurs collaborateurs. Or, les félicitations justifiées constituent l'un des principaux outils de motivation, sous réserve d'observer les principes suivants:

— Transmettre dès que possible le message positif traduisant votre appréciation de la qualité du travail. L'impact est différent si l'on dit à celui qui s'est occupé d'une affaire contentieuse: «J'ai vu que nous avons reçu au courrier de ce matin le chèque de X. Votre action s'est révélée rapide et efficace, voilà ce que j'appelle du bon travail», plutôt que de signaler le même fait un mois plus tard. Le responsable de ce succès est occupé à traiter un autre dossier et ne sait peut-être même plus à quoi vous faites allusion.

— Ne pas craindre de faire des compliments en public, c'est-à-dire en présence d'autres collègues du même service, ou au cours d'une réunion. Ainsi formulés, ils prennent un autre poids: ils transmettent du destinataire une image positive et le valorisent encore plus. C'est une habitude qui se prend vite, et ne comporte guère de risques, mais à laquelle répugnent encore bon nombre de chefs d'entreprise qui demeurent dans le système de l'approbation tacite. Pourtant, au lieu de faire savoir à Pierre, rédacteur de l'appel d'offres, que vous êtes très satisfait qu'il ait été retenu parmi neuf autres projets concurrents, pourquoi ne pas transmettre le même message au cours de la réunion hebdomadaire: «Je tiens à commencer par une bonne nouvelle pour nous tous: le projet réalisé par Pierre et son équipe pour l'appel d'offres de l'hôtel de ville vient d'être retenu. Il y avait neuf autres projets concurrents, et vous avez réalisé le meilleur. Toutes mes félicitations pour cet excellent travail.»

Si vous avez des difficultés à formuler des compliments relatifs à la qualité du travail de vos collaborateurs, entraînez-vous à souligner d'abord en tête-à-tête des comportements que vous jugez positifs:

«Vous êtes toujours à l'heure, merci pour votre ponctualité.»

«Aucun accident de travail depuis trois mois, c'est un bon résultat qui doit vous satisfaire.»

«J'ai lu votre rapport qui m'a semblé très clair et très bien fait.»

«Votre voyage en Allemagne nous a rapporté plus de cinquante mille dollars de commandes: c'est plus que je n'espérais. Vous avez un réel talent pour l'export.»

Progressivement, vous constaterez qu'il vous devient facile de mettre en évidence les points positifs du comportement de vos collaborateurs, et que le simple fait de les souligner en renforce la fréquence. Dès lors, vous pourrez sans difficulté passer au stade du témoignage public de votre satisfaction, ce qui renforcera encore son impact. Une seule réserve: elle concerne certains collaborateurs très timides que cette situation risque de précipiter dans une grande confusion: c'est en effet aussi une forme d'assertivité que de savoir recevoir sans rougir des félicitations publiques, et tous n'en sont pas capables. Comme tout processus de progrès, la méthode pour les timides se réalise par étapes: les accoutumer d'abord à recevoir des compliments en privé, puis à parler de leurs succès avec vous, et enfin souligner les bons résultats en public.

Émettre des compliments justifiés constitue en fait le seul comportement assertif: si vous négligez de le faire, vous êtes, au moins dans ce domaine, dans une attitude de fuite. Si vous vous contentez de formuler des reproches, vous êtes sans doute dans un système plus agressif qu'assertif.

En revanche, les réprimandes ou les reproches doivent toujours être exprimés en privé, dans votre bureau par exemple. Il est vain et stérile de mettre volontairement un collaborateur mal à l'aise devant ses collègues en lui faisant remarquer, dans le bureau qu'il partage avec trois collègues, qu'il est arrivé en retard plusieurs fois cette semaine. Cette réflexion faite en public sera considérée comme humiliante et vexatoire et aura pour résultat essentiel de dégrader le climat du département: elle provoquera, à la limite, une réaction défavorable et unanime contre vous. C'est en tête-à-tête qu'il convient de régler ce problème avec ce collaborateur, de l'interroger sur un éventuel motif sérieux susceptible d'expliquer ses retards, et de rechercher les moyens de les éviter à l'avenir.

Comme pour les comportements positifs, il est important de mentionner rapidement les comportements négatifs si on souhaite une intervention efficace. Un bon chef d'entreprise devrait pouvoir, sans états d'âme, exposer sur-le-champ ses compliments ou ses griefs à n'importe lequel de ses collaborateurs. Mais très souvent une forme de timidité ou de gêne l'empêche de réagir immédiatement devant un comportement qu'il désapprouve: c'est la première fois, le reste du travail est bien fait, etc. Le résultat est qu'il cultive ainsi une tendance naturelle à différer les reproches, et donc à réduire leurs effets, comme dans le cas des félicitations. Pourtant, l'habitude aidant, il s'apercevra très vite qu'il est plus efficace de sanctionner sans délai les erreurs. D'abord, elles sont présentes à l'esprit de leur auteur, et il évitera plus sûrement de les voir se reproduire s'il les mentionne aussitôt.

Vous avez récemment embauché un nouveau responsable national des ventes. Plusieurs commentaires du même type vous ont été transmis par certains directeurs régionaux, vous laissant entendre qu'après 17 h, il n'est pas rare que ce cadre ait absorbé une bonne dizaine d'apéritifs, au point d'entraîner des remarques de la part de plusieurs clients. Jusqu'à présent, vous n'avez rien constaté et considérez un peu toute cette histoire comme une cabale contre le nouvel embauché dont certains auraient aimé occuper le poste. Mais, aujourd'hui même, vous vous êtes rendu dans son bureau en fin d'après-midi et avez remarqué une forte odeur d'alcool. Vous n'avez plus de doute et êtes disposé à agir. Même extrêmement maître de soi, il n'est pas recommandé d'intervenir de façon impulsive: ce type d'entretien est d'ordinaire difficile à conduire, et il vaut certainement mieux vous y préparer quelques instants plutôt que de prendre spontanément le taureau par les cornes, sans bien savoir ni ce que vous allez dire ni les sanctions éventuelles que vous vous proposez de prendre.

Toutefois, votre préparation doit être brève et précéder immédiatement l'action: si vous remettez votre intervention ne serait-ce qu'au lendemain, l'odeur d'alcool aura disparu, vous ne serez plus certain de l'attitude de votre collaborateur et de l'état dans lequel il se trouvait, et il lui sera facile de nier. Retirez-vous donc un instant dans votre bureau pour réfléchir à un plan d'action:

— Vous ne pouvez pas faire état des bruits qui vous ont été rapportés par des tiers (même si ceux-ci renforcent votre conviction, vous ne disposez d'aucune preuve).

— Vous allez constater une infraction grave au règlement intérieur (ivresse sur le lieu de travail), et devrez faire face à deux attitudes possibles: ou bien votre collaborateur va plaider coupable, arguant d'un déjeuner bien arrosé avec un client, ou bien il va nier toute consommation d'alcool. Dans les deux cas, votre attitude doit être ferme et ne laisser aucune place à la récidive. Vous pouvez, par exemple, prendre les décisions suivantes avant votre entretien.

— S'il plaide coupable, lui faire savoir qu'il s'agit d'une faute professionnelle et qu'il sera immédiatement licencié en cas de récidive. Cet avertissement oral sera suivi d'une confirmation écrite afin d'éviter toute contestation ultérieure.

— S'il nie, vous lui demandez de bien vouloir se rendre à l'infirmerie pour subir une prise de sang qui permettra de le disculper totalement ou de confirmer votre impression. Un refus de sa part ne peut être interprété autrement que comme un aveu et vous servir d'argument pour l'avertissement écrit que vous projetez de lui adresser. S'il accepte, vous attendez bien évidemment les résultats de l'analyse pour prendre votre décision. Si, comme c'est probable, il apparaît un taux d'alcool non négligeable, vous avez de nouveau recours à l'avertissement verbal confirmé par écrit.

Ayant ainsi défini la conduite à tenir dans tous les cas possibles, vous convoquez votre collaborateur dans votre bureau afin de régler sur-le-champ cette pénible affaire.

Vous pouvez mettre en œuvre un processus du même type pour toute erreur que vous constatez dans le cadre normal de l'exécution du travail, en adaptant bien évidemment votre réaction à l'importance ou à la fréquence de l'erreur. Il peut se trouver qu'un employé arrive en retard à une réunion, mais c'est différent (et guère admissible) qu'il le soit systématiquement à toutes celles de 9 h le lundi matin. Il en est de même pour les travaux remis hors délais, les messages non transmis, les erreurs dissimulées, etc.

Dans le processus d'évaluation, les entretiens (généralement annuels) jouent évidemment un rôle très important, puisque de leur issue dépend fréquemment l'évolution de la rémunération, voire de la carrière de la personne évaluée. Or, il n'est pas rare de voir certains cadres adopter une attitude de fuite devant la conduite de cette série d'entrevues pour l'une au moins des raisons suivantes:

— Ils en sous-estiment l'importance et en font une affaire de routine.

— Ils ne prennent pas le temps de les préparer.

— Ils ne les mènent pas au bout pour avoir sous-estimé le temps total nécessaire.

— Ils acceptent d'être interrompus (téléphone, courrier, etc.) au cours de l'entretien.

— Ils manquent d'assertivité pour transmettre clairement certains messages déplaisants.

— Ils se retranchent derrière une autorité supérieure pour lui attribuer une décision (refus d'augmentation individuelle, par exemple) qui, en fait, est la leur.

La plupart de ces comportements sont jugés très sévèrement par les collaborateurs, à juste titre d'ailleurs. Pour passer de l'attitude de fuite à celle de l'assertivité, il suffit bien évidemment de prendre le contre-pied des comportements précédents:

— Prendre le temps de préparer chacun de ces entretiens avec soin (on peut aussi prendre des notes tout au long de l'année pour enregistrer les événements importants).

— Prévoir la durée nécessaire (deux heures suffisent en général, sauf pour des cas particulièrement difficiles), et faire en sorte de ne pas être dérangé pendant ce temps. S'installer dans une salle de réunion sans téléphone peut être une bonne solution. Si l'entretien est très long, proposer de l'interrompre par une pause-café qui peut être un bon moyen de détendre l'atmosphère.

— Écouter les réponses ou les explications de l'interviewé: il a lui aussi consacré du temps à la préparation de cet entretien, a probablement noté des choses importantes à vous dire, qui sont peut-être difficiles à exprimer. Une bonne écoute de votre part lui donnera plus d'aisance pour vous en faire part: les messages qu'il estime les plus pénibles à faire passer sont peut-être les plus importants.

— Énoncer assertivement les messages négatifs (ne pas oublier l'importance du regard et des silences), puis rechercher ensemble des moyens de progression. Il est extrêmement dangereux d'aller de l'avant en regardant derrière soi. Tirez les leçons du passé pour organiser l'avenir.

— Assumer pleinement votre responsabilité d'encadrement: si vous avez décidé d'exclure un collaborateur de la liste des augmentations individuelles, il convient de le lui faire savoir ainsi que les motifs de votre décision. Éviter en particulier la technique du saupoudrage, qui consiste à donner à chacun une augmentation dérisoire: elle a pour effet de mécontenter tout le monde, et surtout les meilleurs de vos employés.

Si vos décisions sont justifiées, il ne devrait pas vous être très malaisé de les exposer à vos collaborateurs. Si vous vous sentez gêné, réfléchissez encore une fois avant de les faire entériner: peut-être trouverez-vous une solution meilleure que celle que vous aviez d'abord choisie?

3. L'écoute et l'ouverture au dialogue

Cette qualité la plus appréciée des collaborateurs est, en fait, l'une des clés essentielles pour l'établissement d'un bon climat de travail au sein d'une équipe. Un supérieur jamais disponible ou qui écoute mal ne peut pas avoir de bons rapports avec ses collaborateurs. Dans la pratique, cette qualité se développe en appliquant les deux principes suivants:

Consacrez du temps à vos collaborateurs

Offrez de votre temps aux collaborateurs qui désirent un entretien. Plus les dirigeants montent dans la hiérarchie, plus ils font face à des problèmes concernant le moyen ou même le long terme. Une à deux semaines pour l'obtention d'un rendez-vous est, pour certains, un délai minimum raisonnable. Mais pour ceux qui sont en charge de la gestion quotidienne, un tel terme devient réellement excessif. À vous donc de faire passer assertivement votre message: vous êtes, en principe, disponible dans un temps très court (un ou deux jours, voire dans la journée) pour tout problème important, mais vous n'acceptez pas d'être consulté ou dérangé sans arrêt pour des broutilles. En conséquence, il est important, dans la gestion de votre horaire, de réserver des moments libres pour vos collaborateurs, afin d'examiner avec eux les problèmes importants et imprévisibles qui peuvent surgir à tout moment. À défaut, vos collaborateurs n'ont que deux solutions à leur disposition, solutions malheureusement inadéquates:

— prendre eux-mêmes la responsabilité de décider, tout en sachant que celle-ci excède la délégation de pouvoir qui leur est consentie. En général, ils vont se trouver au-delà de leur seuil de compétence, et c'est vous qui aurez ensuite à gérer avec eux les conséquences des erreurs commises.

— observer une attitude de fuite qui se traduira par l'immobilisme: puisque le problème n'est pas urgent pour vous, pourquoi le considéreraient-ils ainsi? Ils vont donc le laisser mûrir (voire pourrir) jusqu'à ce que vous preniez le temps de l'examiner avec eux.

Dans les conditions normales, il semble logique que l'encadrement dispose d'une compétence plus large que le personnel encadré. Ce n'est certes pas exact ni possible dans tous les domaines, mais un cadre efficace jouit, en règle générale, d'une marge de manœuvre plus vaste que celle de ses collaborateurs, ce qui lui permet de voir les problèmes de plus haut, d'envisager des solutions de rechange, de débloquer les situations embarrassantes. Cela ne veut pas dire qu'il est plus compétent que chacun de ses collaborateurs dans leur domaine précis, mais qu'il dispose de moyens d'action supplémentaires et qu'il est prêt à les mettre en œuvre aussi souvent que nécessaire.

Développez votre capacité d'écoute

Prenez le temps d'une véritable phase d'écoute active au début de tout entretien, avant d'utiliser votre expérience et votre compétence pour trouver une ou plusieurs solutions au problème posé. Attendez d'avoir bien saisi toute la complexité de ce dernier afin d'éviter les dialogues du type suivant:

«J'ai un problème avec notre client Maréchal.

– Encore lui! Il commence à m'échauffer les oreilles!

– Cette fois-ci, ce n'est pas véritablement de sa faute: il demande le remplacement urgent d'une pompe que nous n'avons pas en stock.

– Il n'a qu'à passer ses commandes à temps comme les autres.

–Mais il s'agit d'une pompe neuve que nous avons livrée la semaine dernière.

– Il a dû la monter de travers.

– Non, j'ai vérifié avec lui: le matériel est défectueux.

– Et le contrôle de la qualité alors? Qu'est-ce qu'ils fabriquent à l'usine? Je vais téléphoner à Lefèvre et lui dire ce que je pense.

– Ce n'est pas ça qui arrangera le problème avec Maréchal.

– Avez-vous une autre solution à proposer?

– Justement, non. C'est pour cela que je voulais vous voir.»

Par défaut d'écoute active, cette phase initiale de l'entretien n'a même pas permis de cerner les éléments du problème. Mais en remplaçant l'attitude agressive par une attitude assertive, on pourrait imaginer le dialogue suivant:

«J'ai un problème avec notre client Maréchal.

– Oui? Quel genre de problème?

– Il demande le remplacement urgent d'une pompe que nous n'avons pas en stock.

– Avez-vous demandé le délai de livraison?

– Une dizaine de jours, a dit l'usine.

– Et qu'en dit Maréchal?

– C'est une pompe neuve qu'il vient d'installer sur un nouveau circuit qui est bloqué à cause d'elle. Il est furieux et veut qu'on la lui remplace dans les vingt-quatre heures.

–Je vais l'appeler pour lui dire que nous cherchons une solution. Vous avez déjà des idées?

– Guère. Peut-être chez un de nos dépositaires de province?

– Très bonne idée: je vais faire vérifier tout de suite. On peut peut-être le dépanner avec une pompe d'occasion pour quelques jours? Ou lui fournir un autre modèle?»

Le dialogue est bien engagé, et le vendeur va sans doute trouver, à l'issue de cet entretien, une solution à son problème grâce aux moyens mis en œuvre à l'échelon supérieur.

L'écoute active, bien maîtrisée, a pour effet de développer l'assertivité de l'interlocuteur qui, mis en confiance, exposera plus volontiers les situations qui se trouvent dans sa zone de risque. Mais ce n'est pas encore suffisant: au-delà de cette phase d'écoute, vos collaborateurs attendent généralement de vous deux types de comportement facilités par une très bonne pratique de l'assertivité: donner des directives claires et faire preuve de compétence.

4. Des directives claires

Très souvent, nos stagiaires se plaignent de recevoir de leur hiérarchie des consignes vagues, incomplètes, et de réaliser ensuite leur travail dans de mauvaises conditions. Nous leur recommandons bien évidemment de demander, de façon assertive, les compléments d'information qui leur semblent utiles. Lorsque vous donnez des directives ou des instructions pour l'exécution d'une tâche, êtes-vous certain, d'une part, de donner tous les éclaircissements nécessaires et, d'autre part, d'expliquer la finalité du travail demandé — surtout lorsqu'elle n'est pas évidente?

Jean-Philippe est terrassier et arrive un lundi matin sur son chantier habituel, où il travaille depuis bientôt six mois. Le chef de chantier lui désigne un emplacement sur le plan et lui demande de creuser, à la main et avec précaution, un trou de forme cubique (1 m x 1 m x 1 m).

Jean-Philippe achève ce travail dans la journée et retourne voir son supérieur le mardi matin pour de nouvelles directives. L'air un peu embarrassé, celui-ci demande de reboucher le premier trou et d'en creuser un autre, de mêmes dimensions, sur un autre emplacement.

Aussi peu assertif que son chef, Jean-Philippe s'exécute sans poser de questions, et le même scénario se déroule chaque jour jusqu'à la fin de la semaine. Le lundi suivant, Jean-Philippe se présente de nouveau devant son chef, qui a l'air de plus en plus gêné, et lui demande de creuser un sixième trou, de mêmes dimensions, sur un nouvel emplacement.

«Mais enfin, je ne vais pas passer trois semaines à faire partout des trous inutiles et à les reboucher le lendemain? Si vous me disiez au moins à quoi ça peut servir!

– Eh bien voilà: j'ai un problème! J'ai perdu le document sur lequel j'avais inscrit le tracé de la canalisation de gaz qui a été enterrée au début des travaux, et il faut absolument que je sache où elle passe.

– C'est malin! Je l'ai creusée moi-même et je me souviens parfaitement de l'endroit. Si vous me l'aviez dit plus tôt, on aurait gagné une semaine de travail.»

....

Souvent, à la fois par manque d'assertivité et par respect de la hiérarchie et des ordres donnés, vos collaborateurs, à l'image de Jean-Philippe, n'oseront pas vous demander immédiatement toutes les explications qui leur seraient utiles pour réaliser leur travail dans les meilleures conditions. C'est donc à vous qu'il appartient d'avoir ce souci, et de vérifier avec eux s'ils sont bien en possession de tous les éléments nécessaires.

Pour ce faire, vous pouvez passer en revue les six points correspondants aux lettres Q.Q.O.Q.C.P.

— QUI doit effectuer le travail? (Jean-Philippe)

— QUOI? Quelle est la nature exacte de la tâche? (creuser un trou de 1 m x 1 m x 1 m)

— OÙ doit être réalisé le travail? (à l'emplacement désigné sur le plan)

— QUAND doit être entrepris et achevé le travail? Assurez-vous, en particulier, de demander un délai compatible avec la charge de travail de votre collaborateur et de sa capacité à réaliser le travail en temps voulu. Évitez également les instructions vagues, du style «le plus rapidement possible», qui peut avoir un sens tout à fait différent pour vous et pour lui. Dans l'exemple de Jean-Philippe, le travail doit être entrepris sur-le-champ et conduit à son terme sans interruption pour pouvoir effectuer une autre tâche.

— COMMENT? Quels sont les outils ou les moyens à mettre en œuvre? (creuser sans la pelleteuse, à la pioche et avec précautions).

— POURQUOI ce travail doit-il être entrepris? Dans quel contexte plus général s'inscrit-il? À quel projet contribue-t-il? (pour retrouver la canalisation de gaz enterrée au début du chantier).

S'ils sont suffisamment assertifs, vos employés vous demanderont, le cas échéant, de préciser vos instructions relatives à l'un ou l'autre point. Il se peut également qu'ils vous signalent, à l'occasion, des difficultés qui ont pu vous échapper: dans la rubrique «Comment», vous avez précisé «avec l'aide de la stagiaire qui reste jusqu'à la fin du mois», en oubliant qu'elle avait été affectée à plein temps à un gros travail de saisie de données actuellement en cours.

Mais, si vous avez des raisons de douter de l'assertivité de vos collègues ou de certains d'entre eux, il vous appartient de vérifier avec eux que toutes les conditions sont réunies pour que soit mené à son terme, dans les délais prévus, un travail de qualité. Vous éviterez en particulier, au nom de la délégation, de leur laisser volontairement le choix d'initiatives dépassant nettement leurs responsabilités, puis de les désavouer en cas de problème ou d'échec. Ce type de comportement est typique de la manipulation et rend, à juste titre, les collaborateurs particulièrement méfiants.

Directeur commercial, Édouard est revenu du comité de direction avec le feu vert de la direction générale pour organiser une importante opération de stimulation des vendeurs. Il charge alors Antoine, chef des ventes, de consulter trois cabinets spécialisés dans ce type d'opérations. Un mois plus tard, Antoine vient lui présenter les trois projets, qui semblent tous acceptables. Perplexe, Édouard, sans approfondir son approche, délègue à Antoine le choix final, qu'il approuvera, dit-il, sans réserves. Six mois plus tard, l'opération retenue se révèle catastrophique: en raison d'une importante chute du volume du marché, due à des conditions climatiques défavorables, et d'une règle du jeu mal construite, seuls trois vendeurs sur une centaine remplissent les conditions d'attribution des prix. Pourtant, l'ensemble de la force de vente a réalisé un effort important, d'ailleurs visible par l'accroissement de la part de marché de l'entreprise. Il avait été annoncé, au départ, qu'environ la moitié des vendeurs seraient récompensées. En face de cette situation, ceux-ci ont fait part de leur mécontentement à Édouard, qui s'est alors retourné contre Antoine: «Il me semblait bien que votre choix n'était pas le meilleur, mais j'ai tenu à vous laisser prendre toutes vos responsabilités.»

Finalement, en raison de la grogne générale, il a été décidé, en comité de direction, de primer indistinctement tous les vendeurs. Malheureusement, ceux-ci mettent maintenant en doute les capacités de leur chef à apprécier leurs efforts. Outre cette perte de confiance, qui constitue une conséquence durable et fâcheuse, le budget de l'opération a été dépassé de plus de cinquante pour cent. Antoine, désavoué par Édouard, est considéré par tous comme le seul responsable de ce projet catastrophe et quittera, d'ailleurs, l'entreprise peu après.

5. Prouver sa compétence

La reconnaissance de votre compétence est la justification, pour un collaborateur, de votre juste place dans la hiérarchie. La preuve la plus évidente que vous puissiez en donner est de rester solidaire avec lui en présence d'une situation difficile et de mettre en œuvre ensemble (et donc pas nécessairement à sa place) une solution plus constructive que celles qu'il vous a proposées.

Anne-Marie, Jean-Charles et Sybille sont chargés du service à la clientèle dans une petite agence de conseil marketing. En réunion depuis maintenant plus de deux heures, ils essaient de rédiger un questionnaire destiné à évaluer les résultats d'un test de produit qu'ils ont mis en place pour un de leurs clients. Tous trois ont assez d'expérience pour prendre conscience que leur travail est de qualité médiocre: le plan est mal défini, l'objectif peu clair, les questions trop nombreuses et, pour la plupart, mal rédigées. Anne-Marie, la plus assertive des trois, propose de demander l'aide de Sylviane, P.D.G. de l'agence, qui dispose de plus de dix ans d'expérience dans ce domaine.

En une vingtaine de minutes, Sylviane a effectué un diagnostic clair expliquant l'échec de cette réunion: elle redéfinit avec ses collaborateurs l'objectif du questionnaire, les caractéristiques fondamentales du produit à tester par rapport à ses principaux concurrents, les paramètres qui intéressent tout particulièrement le client. Elle corrige la rédaction des deux ou trois questions qui semblaient les plus ambiguës, puis se retire, confiant à ses employés le soin d'achever le travail ainsi remis en route, leur laissant l'image d'une patronne compétente, efficace, disponible et bien organisée.

••

En face d'un problème de même nature, auriez-vous une réaction aussi efficace, combinant rapidement les étapes suivantes:

— écoute de l'exposé du problème;

— synthèse de la situation et mise en évidence des causes du blocage;

— déblocage de la situation au moyen de vos propres qualifications (ou de celles du spécialiste compétent).

Laissez à vos collaborateurs le soin d'achever le travail, ce qui témoigne de votre confiance et leur permet d'acquérir une expertise complémentaire: ne retirez pas à l'un d'eux un projet qui l'embarrasse dès qu'il rencontre sa première difficulté: c'est le meilleur moyen de retrouver à terme tous les projets délicats sur votre bureau. Au-delà de la preuve de votre compétence, la faculté de développer celle de vos collaborateurs fait partie du talent du chef d'entreprise.

6. Les cas difficiles

Quelles que soient ses compétences et sa bonne volonté, le cadre est parfois confronté à des situations difficiles à assumer ou à expliquer à ses collaborateurs. Nous en avons retenu trois, dans lesquelles le rôle de l'assertivité pour y faire face est bien illustré.

Faire exécuter un projet que vous désapprouvez

Dans cette première situation, assez fréquente, vous devez faire exécuter, dans les meilleures conditions possibles, un projet contre lequel vous vous êtes battu avec énergie. Vous allez vous rendre compte des limites de l'assertivité. Le comportement totalement assertif serait en effet le suivant:

— faire savoir que vous avez combattu ce projet de toutes vos forces jusqu'à la décision finale;

— expliquer pourquoi d'autres facteurs ont emporté la décision;

— demander à vos collaborateurs de démarrer le projet.

Or, si vous suivez cette démarche, la tentation de saboter le projet sera très forte: vos collègues vont, tout comme vous, le considérer comme un mauvais projet et, consciemment ou inconsciemment, adopter un comportement négatif nuisible à sa bonne exécution. À l'heure du bilan, celui-ci sera naturellement peu brillant, et vous attribuerez cet échec à un ensemble de mauvais choix initiaux. Mais même si ce projet avait peu de chances de donner des résultats spectaculaires, il est à peu près certain que la présentation que vous en avez faite a contribué à son échec.

Dans une telle situation, il est important d'observer une neutralité bienveillante: vos collaborateurs n'ont pas à savoir que vous avez vivement combattu ce projet. Toutefois, il n'est généralement pas possible de le présenter avec un réel enthousiasme: ce serait même entrer de plain-pied dans un système de manipulation. À la place, une attitude de réserve évitera de transmettre l'état d'esprit négatif que vous pouvez avoir conservé malgré vous vis-à-vis du projet.

Là se situent les frontières de l'assertivité: les juristes parlent du «pouvoir discrétionnaire du chef d'entreprise» qui peut, sans justification, donner des ordres et exiger leur exécution. Ce style de management est en voie de disparition, mais le cas n'est pas exceptionnel de devoir mener à bien un projet qui vous déplaît. Face à l'obligation de «se soumettre ou se démettre», l'attitude 100 p. 100 assertive risque de vous conduire à trop de démissions: elle est non recommandable. Précédemment, vous avez appris à ne pas trop limiter votre attitude manipulatrice. Servez-vous-en donc en soutenant ce projet comme si vous en étiez l'auteur. Peut-être découvrirez-vous, *a posteriori,* qu'il n'est pas aussi idiot que vous le pensiez?

Révéler à un collaborateur son seuil d'incompétence

Comme tout bon chef d'entreprise, vous connaissez bien le principe de Peter selon lequel chaque employé tend à s'élever à son niveau d'incompétence. Une autre situation difficile consiste à faire savoir, de façon précise, à vos collaborateurs où se situe leur seuil d'incompétence, sans pour autant leur ôter l'envie de le reculer, le cas échéant avec votre aide. En ce cas, votre message doit être totalement dénué d'agressivité (vous dressez un constat objectif et n'avez pas à faire un procès), mais extrêmement assertif, et s'appuyer, si possible, sur des exemples ou des faits précis.

Jean-Jacques, assistant du responsable de la qualité de l'usine, vient d'apprendre, non sans une certaine satisfaction, le départ de ce dernier qui a démissionné. Jean-Jacques a trois ans d'ancienneté à ce poste, a remplacé deux fois son chef pendant les congés et espère donc, tout naturellement, occuper la place qui vient de se libérer.

En fait, Jean-Jacques est un bon technicien, mais ses compétences actuelles présentent deux lacunes: l'une, mineure, concerne sa formation aux méthodes statistiques du contrôle qualité; l'autre, majeure, est un problème de commandement. Dès qu'il est investi d'un pouvoir, même temporaire, Jean-Jacques s'en sert de façon méprisante et cassante. Ses deux périodes de remplacement pendant les congés annuels ont engendré une atmosphère de suspicion dans toute l'usine vis-à-vis de son service et une légère baisse de la productivité pour le maintien de la qualité finale. Jean-Jacques vous a demandé un entretien dont l'objet est, pour lui, purement formel: obtenir votre accord de principe pour sa titularisation au poste de responsable de la qualité.

Vous devez, dès le début de l'entretien, énoncer clairement votre refus (savoir dire «non»), en préciser les motifs (défaut de certaines compétences), sans pour autant décourager Jean-Jacques de tout effort de progression: il convient donc de lui rappeler qu'il possède de solides connaissances techniques, mais aussi que l'ensemble de ses compétences est aujourd'hui insuffisant pour que lui soit confié le poste qu'il convoite. Le dialogue pourrait se dérouler comme suit:

«Je viens vous voir à la suite du départ de Z. Je pense être le candidat idéal pour le remplacer et vous demande votre accord avant de déposer officiellement ma candidature.

– J'ai réfléchi à la question, et ma réponse est «non», pour deux raisons que j'aimerais vous exposer.

– Mais je l'ai déjà remplacé deux fois pendant les vacances, et cela s'est toujours bien passé.

– C'est votre opinion, mais ce n'est pas l'impression générale, ni d'ailleurs celle de Z., avec lequel je me suis entretenu. C'est en fait la première raison: la plupart des chefs d'atelier vous trouvent très autoritaire et déplorent vos interventions directes auprès de leurs ouvriers. Je crois d'ailleurs vous l'avoir déjà dit en septembre.

– Et l'autre raison?

– L'autre raison est une maîtrise insuffisante de la méthode des statistiques, pour laquelle je vous propose un complément de formation.

– Si je suis cette formation, vous acceptez ma candidature?

– Non, je vais demander un recrutement externe. Mais votre rôle est important dans ce service: vous avez l'expérience des produits et des processus, ainsi que des méthodes de contrôle en place. Je pense que vous pouvez, pendant la période transitoire, assurer l'intérim et veiller au maintien de la qualité.

– Si je peux le faire pendant la période transitoire, pourquoi pas à titre définitif?

– Pour les deux raisons que je vous ai données. Mais je vous suggère un plan individuel de formation en deux temps: d'abord, un perfectionnement aux méthodes statistiques; ensuite, un stage sur l'autorité et le style de commandement. D'ici douze à dix-huit mois, vous aurez le profil complet d'un responsable de la qualité pour l'une de nos usines.

– Oui, mais le poste sera pourvu.

– Sans aucun doute. Mais un autre peut se libérer, et il y a également le service de la qualité du siège social. Voulez-vous réfléchir quelques jours à ma proposition, et que nous en reparlions?

– Oui, mais je suis très déçu. Je pensais n'avoir aucun problème pour obtenir ce poste.

– Je comprends votre déception. Mais les objections que je vous ai faites sont réelles: vous avez certaines des qualités requises pour ce poste, mais pas toutes. La formation peut vous permettre de les acquérir. Je crois sincèrement que c'est la meilleure solution, pour vous comme pour l'entreprise.

– Je vais y réfléchir.»

••

Le message déplaisant est passé, et Jean-Jacques va sans doute accepter le plan de formation proposé. Il est important qu'il ne soit pas démotivé, même s'il est très déçu de cet entretien. Dans le cas présent, son avenir n'est pas définitivement bouché: c'est à lui de prendre la décision de compléter ou non sa formation. Dans l'affirmative, il conserve un espoir de promotion d'ici un à deux ans. Sinon, il demeure volontairement à son niveau actuel d'incompétence, mais du moins avez-vous tout fait pour lui en faire prendre conscience.

Obtenir un changement de comportement

Obtenir d'un collaborateur qu'il modifie un comportement inapproprié est une entreprise toujours difficile. Selon les cas, il peut: être d'accord sur le principe mais ne rien faire pour changer; prendre votre intervention comme une attitude agressive et vous en vouloir; enfin, refuser toute évolution, quelles que puissent être les conséquences de sa décision.

Pour vous aider à obtenir un changement de comportement, l'assertivité vous propose une démarche en quatre étapes étroitement imbriquées:

— Commencez votre intervention par «je», suivi d'une phrase montrant que vous êtes capable de comprendre les motifs réels de son comportement.

— Exprimez clairement vos sentiments, sans jugement de valeur ni agressivité, lorsque vous parlez de l'attitude que vous souhaitez voir modifiée.

— Soulignez les faits démontrant clairement la fréquence de l'attitude soulignée.

— Exposez les conséquences qui peuvent résulter de la décision de garder ou de changer d'attitude.

Par exemple, vous prévoyez avoir un entretien avec Ghislaine, qui a l'habitude de venir en réunion sans préparation préalable. Elle n'a jamais avec elle les dossiers nécessaires, quitte la réunion pour aller les chercher et fait attendre tout le monde. À plusieurs reprises, vous avez également remarqué qu'elle avait donné avec aplomb des informations inexactes. Vous souhaitez qu'elle prenne le temps nécessaire pour se préparer convenablement à ses réunions, comme c'est l'usage dans l'entreprise. Votre intervention en quatre points peut se présenter comme suit:

Montrez votre compréhension en vous exprimant à la première personne

«**Je** sais que vous avez beaucoup de travail, mais...»

«**Je** sais que vous pouvez travailler très vite.»

«J'apprécie l'efficacité de votre travail, mais...»

Évitez les jugements négatifs (Je sais que ces réunions vous ennuient.) ou l'exposé de vos états d'âme (Je suis navré d'avoir à vous dire cela, mais...). N'énoncez dans cette phase que des constatations réelles: il ne s'agit pas d'un compliment destiné à faire avaler la pilule, mais d'un fait effectivement constaté.

Exprimez vos sentiments vis-à-vis du comportement que vous contestez

«Je déplore les difficultés que vous nous créez en venant en réunion sans avoir préparé vos dossiers.»

Évitez les jugements de valeur (Je trouve tout à fait navrant que...), le ton agressif (Je trouve inadmissible que, je commence à en avoir assez) ou les formulations trop faibles (Je me demande si vous vous rendez compte, je suis ennuyé pour vous lorsque...).

Rappelez des faits précis

«Au cours des deux dernières réunions, vous êtes sortie deux fois pour aller chercher les dossiers qui concernaient l'ordre du jour.»

L'exposé des faits est objectif, bref et ne comporte pas de jugement de valeur. Ne généralisez pas le comportement observé, tenez-vous-en aux faits. Essayez de l'exprimer aussi fidèlement que possible. Ce n'est pas l'individu que vous mettez en cause, mais son attitude dans une situation bien précise. Écartez donc les formulations du style:

«Vous ne pouvez pas rester une heure sans sortir.» (*inexact*)

«Vous n'avez jamais l'air au courant de l'ordre du jour.» (*attaque personnelle*)

«Vous sortez sans arrêt pendant nos réunions.» (*généralisation abusive*)

«Vous êtes la risée générale.» (*interprétation de votre part*)

«Vous vous rendez ridicule sans vous en rendre compte.» (*jugement de valeur*)

Exposez des conséquences probables

«Je souhaite que vous preniez le temps de préparer ces réunions pour y assister comme les autres sans être obligée de sortir, et ceci dès la prochaine (je suis prêt à vous y aider), ou je vous demande de vous faire représenter par quelqu'un qui est organisé.

L'alternative est clairement posée: si Ghislaine ne planifie pas convenablement la prochaine rencontre, elle se verra remplacée par la suite.

Un tel changement de comportement est d'autant plus difficile à obtenir que celui-ci est ancien et qu'il ne générait jusqu'à présent aucun problème. Le résultat va dépendre de votre fermeté. Attention toutefois de ne pas provoquer un conflit pour tenter d'obtenir une modification mineure et sans grande influence sur la qualité du travail.

Votre ancienne secrétaire vous présentait les lettres et leurs copies à signer dans un parapheur. La nouvelle ne vous montre qu'un exemplaire des lettres, vous expliquant qu'elle préfère les photocopier ensuite, ce qui évite de les détruire en cas d'erreur. Pourquoi ne pas adopter son système plutôt que de lui imposer l'ancien?

Vous vous attaquerez avec plus de succès à ce problème de changements de comportements au moment de votre arrivée dans l'entreprise. Définissez alors clairement ceux que vous souhaitez modifier et agissez rapidement: cela évitera qu'on vous reproche votre laxisme si votre intervention se déclenche deux ans après votre entrée en fonction.

IV. LES RÉUNIONS

1. L'influence du groupe

Un groupe de chercheurs américains a conduit, pendant plusieurs années et avec des groupes de taille variable, une expérience intéressante relative à l'influence de la quasi-unanimité d'un groupe sur un individu.

Au cours d'une réunion, le groupe était invité à étudier un ordre du jour communiqué à l'avance, et tous les membres, à l'exception d'un seul étaient complices de l'animateur. Tous, sauf le sujet de l'expérience, recevaient une consigne précise à suivre: occuper une place particulière dans la salle de réunion et donner le même avis concernant une décision importante à prendre en fin de réunion. Avant la délibération finale, l'animateur demandait à chacun d'exprimer son opinion au cours d'un tour de table. Bien évidemment, les avis se trouvaient répartis en deux groupes très inégaux: la quasi-totalité du groupe soutenait l'opinion conforme à la consigne, et seul le sujet de l'expérience qui ignorait cet ordre avait la liberté de donner ou non son point de vue personnel. L'étude portait en fait sur les différences observées selon que le sujet était invité à donner son appréciation dans les premiers ou, au contraire, dans les derniers.

Les résultats de cette expérimentation ont montré qu'en règle générale, un individu émet sans problème son opinion personnelle lorsqu'il s'exprime dans les trois premiers. Lorsqu'il se situe entre le troisième et le sixième, les résultats sont difficiles à interpréter avec une bonne rigueur statistique et dépendent sans doute de l'assertivité des sujets. Mais au-delà de la sixième place, c'est-à-dire lorsque six membres du groupe ont déjà exprimé avec conviction la même opinion — même s'ils soutiennent une idée éminemment douteuse ou absurde —, la pression du groupe est telle que dans près des trois quarts des cas, le sujet sur qui porte l'expérience émet le même avis que celui qui a déjà été exprimé six fois ou plus, avis parfois d'une ineptie patente.

Cela démontre combien il est difficile de demeurer assertif face à l'unanimité d'un groupe, d'être seul à avoir raison et de persuader tous les autres qu'ils ont tort. C'est évidemment dans ces cas-là que le comportement assertif est particulièrement utile, en raison surtout de la multiplication des réunions et des décisions collégiales dans les entreprises.

La remarque suivante pourra peut-être vous aider à exprimer clairement votre point de vue, même s'il est opposé à celui de la majorité du groupe: on n'a jamais pu prouver qu'une décision prise à la majorité soit la bonne. Cela signifie simplement que l'ensemble des membres du groupe concerné a une approche commune du problème, une même méthode de résolution, et sans doute un cadre de référence identique. À la limite, on pourrait même dire que ce type de recherche de solution à un problème est restrictif, dans la mesure où il prive les participants de la richesse qui résulte de la confrontation des idées ou des méthodes. Et si, de fait, la vôtre est réellement excellente, même différente de celle qui fait l'objet du consensus? Quel dommage de la voir perdue! Songez aussi que ce n'est qu'en l'exprimant que vous pourrez trouver des supporters, et peut-être même assez enthousiastes pour faire basculer en votre faveur la décision finale.

L'un des plus beaux exemples que l'on puisse citer dans ce domaine est le film de Sidney Lumet, *Douze hommes en colère,* dans lequel un seul juré doute de la culpabilité de l'accusé. En droit américain, la décision des jurés doit être unanime. Seul contre les onze autres, ce juré convaincu entreprend de persuader un à un tous ses collègues. Très assertif, parfois manipulateur, il finit par arriver à ses fins après deux heures de cinéma qui constituent une véritable leçon de communication et d'assertivité.

2. Le syndrome de l'ascenseur

Le comportement le plus négatif dont vous puissiez faire preuve est d'exposer vos idées, vos commentaires ou vos objections à un ou plusieurs collègues dans le couloir, à l'issue de la réunion. Vous semblez ainsi critiquer *a posteriori* la décision prise, ou la méthode retenue pour la prendre, alors que vous êtes tout à fait responsable d'une situation que vous avez largement contribué à créer par votre silence ou par votre abstention au cours de la réunion. Nous appelons cette attitude le «syndrome de l'ascenseur»: c'est un ensemble de symptômes qui fait que certains individus, au lieu d'émettre leurs opinions ou remarques en temps opportun (c'est-à-dire en réunion), attendent de retrouver des collègues ou collaborateurs dans l'ascenseur, à l'issue de la réunion, pour leur confier des réflexions du style suivant:

«Tu sais ce que j'ai eu envie de lui répondre?»

«Je me demande bien pourquoi personne n'a fait remarquer que...»

«Nous n'avons même pas parlé du délai de réalisation.»

«Je suis sûr que si je pouvais discuter ce devis avec le fournisseur, j'obtiendrais au moins 10 p. 100 de remise.»

«On n'a encore pris aucune décision, on ne sera jamais prêt pour la fin du mois.»

Or, toutes ces remarques sont peut-être pertinentes et auraient pu contribuer à rendre la réunion plus efficace ou la décision plus conforme à vos souhaits. C'est simplement votre attitude de fuite qui dégrade ainsi le processus de décision: n'attendez plus d'être dans le couloir, à la cafétéria ou dans l'ascenseur pour vous exprimer; pendant les réunions, vous devez exprimer vos idées, vos suggestions, vos réserves, vos critiques, même si vos interventions comportent des risques. Toutes vos suggestions ne seront pas retenues, certaines de vos idées seront combattues, abandonnées peut-être, mais du moins aurez-vous créé l'occasion de les défendre et de faire part ainsi de votre intérêt pour le sujet traité.

Certes, il pourra arriver que vos remarques ne soient pas toujours bienvenues. L'attitude assertive consiste à les défendre pendant la réunion, et non après, et à savoir parfois les abandonner, même avec regret: quel que soit le processus de décision en vigueur dans votre entreprise, il convient de le respecter. Discuter et argumenter pour infléchir une décision est une attitude assertive et saine. Mais une fois prise, même si vous l'avez combattue avec force, il convient de vous y soumettre, et de tout mettre en œuvre pour assurer sa réalisation dans les meilleures conditions possibles.

3. Le rôle de faciliteur

Le déroulement et l'efficacité d'une réunion dépendent en grande partie du talent de celui qui la conduit, mais également du comportement de chacun des participants pendant la réunion: si besoin est, vous pouvez faire remarquer:

— qu'on s'écarte de l'ordre du jour alors qu'il reste encore des points importants à traiter;

— que tout le monde ne s'est pas exprimé sur le sujet évoqué, et qu'il convient donc de lui consacrer encore quelque temps;

— que les fumeurs sont enfermés depuis deux heures sans fumer, et qu'une pause de quelques minutes serait bienvenue;

— qu'on tourne en rond depuis quarante minutes sur un point mineur, et qu'il serait souhaitable de conclure sur ce sujet;

— qu'il serait préférable de remettre à la prochaine réunion le deuxième point à l'ordre du jour en l'absence du responsable du projet concerné;

— que la réunion a commencé sans qu'on ait désigné de rapporteur.

— etc.

Certes, toutes ces remarques pertinentes pourraient être faites par l'animateur ou l'organisateur de la réunion. Mais celui-ci a de très nombreuses tâches à accomplir pendant celle-ci, et il est difficile pour lui d'être en permanence certain qu'elle se déroule parfaitement. Les participants peuvent l'aider à atteindre ce but en intervenant pour rétablir de meilleures conditions de travail chaque fois qu'ils l'estiment nécessaire. Ce rôle de faciliteur est un précieux soutien pour l'animateur qui vous saura gré de l'avoir volontairement assumé.

La seule exception à cette règle: la mise en cause directe de l'animateur ou d'un participant dans le cas d'un problème grave.

Vous découvrez par exemple:

— qu'un intervenant haut placé dans la hiérarchie diffuse des informations que vous savez inexactes;

— qu'on a convié à cette réunion des participants dont le comportement est très négatif et qui ne sont pas directement concernés par les problèmes évoqués;

— que l'animateur vous empêche délibérément mais très fermement d'exposer le dossier qu'il vous a demandé de préparer;

— etc.

Dans ces circonstances, rangez votre assertivité pour quelques heures et évitez la confrontation publique. Les faits que vous avez remarqués ont sans doute une explication logique qui vous échappe, mais il serait sans doute malvenu de la demander pendant la réunion. Dès la fin de celle-ci, sollicitez un entretien auprès du responsable de la réunion pour lui faire part de votre surprise et obtenir les explications nécessaires. Cette démarche différée s'inscrit dans le cadre du respect de l'autre: il est toujours maladroit et inutile de mettre en cause un collègue en public. Ayez donc la patience de n'intervenir qu'après la réunion, mais n'oubliez pas de le faire: vous n'aurez, en règle générale, que les explications que vous oserez exiger.

Lors des réunions:

— Donnez-vous votre avis sans vous laisser influencer par ceux qui ont parlé avant vous?

— Manifestez-vous clairement votre désir de prendre la parole lorsque vous souhaitez intervenir?

— Écoutez-vous attentivement les interventions des autres, même si elles expriment des points de vue différents du vôtre?

— Hésitez-vous pas à poser une question?

— Face à une situation qui met en cause un participant, abordez-vous le problème avec lui après la réunion?

V. RÉSUMÉ

Dans le cadre de l'entreprise, vous êtes obligé d'entretenir des relations avec d'autres collaborateurs. Selon vos niveaux hiérarchiques respectifs, ces relations peuvent revêtir différents aspects.

— Avec vos collègues:

La relation d'aide est fondamentale entre collègues: souvenez-vous que vous n'obtiendrez généralement que l'aide que vous oserez demander, de préférence assertivement, et en sachant que chacun conserve le droit de dire «non». C'est la généralisation de l'entraide entre collègues qui crée la solidarité, facteur essentiel pour la réussite du travail en commun. Ne craignez pas de faire part, occasionnellement, de certains éléments de votre vie personnelle à vos collègues, surtout si les événements cités peuvent avoir une répercussion sur votre travail.

Abordez le plus tôt possible les situations de conflit pour ne pas leur laisser le temps de s'aggraver. Pour ce faire, exposez clairement les faits ainsi que vos réactions, et demandez à votre interlocuteur s'il est prêt à rechercher une solution avec vous: ce n'est qu'ensemble que vous pourrez résoudre efficacement le conflit.

— Face à vos supérieurs:

Apprenez à formuler clairement et sans craintes vos demandes.

Exprimez vos opinions: ne pratiquez pas la manipulation en approuvant systématiquement toutes les idées ou opinions émises à un niveau supérieur au vôtre. Entraînez-vous d'abord avec votre supérieur direct, afin d'être ensuite à l'aise face à n'importe quel dirigeant de l'entreprise, ou même au comité de direction.

Ne craignez pas de faire une erreur, à condition de savoir la reconnaître et d'en tirer ensuite des leçons. Le droit à l'erreur existe dans la plupart des entreprises, et vous sera occasionnellement reconnu si vous n'en abusez pas.

N'oubliez pas de faire valoir, à l'occasion, la qualité de votre travail. À défaut de vous, personne ne s'en chargera, et vous perdrez ainsi certaines occasions de vous mettre en valeur.

Ne croyez pas, enfin, qu'il est impossible de dire «non» à un supérieur. Ce peut être une bonne décision à condition de respecter les précautions suivantes:

— Réfléchissez d'abord, ne dites pas «non» sur un coup de tête;

— Préparez votre argumentation pour faire comprendre et accepter votre refus;

— Expliquez votre point de vue, demeurez très courtois, sans chercher à vous justifier en permanence, ce qui ferait douter de votre propre conviction.

— Face à vos collaborateurs:

Respectez leur personnalité, leur vie privée, leurs convictions, leurs valeurs, et les efforts qu'ils entreprennent dans leur vie professionnelle:

Soutenez-les et encouragez-les en permanence.

Évaluez objectivement leurs performances, et faites-leur savoir ce que vous en pensez. D'une façon générale, vos compliments auront plus de poids s'ils sont énoncés en public, mais c'est toujours en privé que vous énoncerez vos reproches.

Soignez particulièrement les entretiens annuels d'appréciation, en les préparant avec soin et en leur consacrant le temps nécessaire.

Sachez vous rendre disponible pour vos collaborateurs lorsqu'ils ont besoin de vous, et les écouter jusqu'au bout même en cas de désaccord.

Donnez des directives claires (souvenez-vous de la liste Q.Q.O.Q.C.P.: Qui doit faire Quoi, Où, Quand, Comment et Pourquoi?). En cas de difficulté dans le déroulement d'un projet, contribuez à le débloquer, mais sans le reprendre vous-même en main.

Apprenez à faire face à certaines situations délicates mais fréquentes: faire exécuter un projet que vous désapprouvez (sans faire part de vos doutes), dire à un collaborateur qu'il a atteint son seuil d'incompétence (il doit progresser ou changer de comportement).

— Dans le cadre des réunions:

Ne craignez pas d'exprimer votre opinion, même si elle s'oppose à tous. L'unanimité n'est pas un critère de qualité des décisions.

Dites tout ce que vous avez à dire en public et pendant la réunion, et non à certains seulement et après la réunion (syndrome de l'ascenseur).

Défendez courageusement votre point de vue avant la décision, mais lorsque celle-ci est prise, mettez tout en œuvre pour la faire aboutir, quelle qu'ait pu être votre opposition au départ. Jouez le rôle de faciliteur si la réunion vous semble peu efficace, en cherchant à la recentrer sur l'ordre du jour.

Évitez de régler un problème personnel avec un participant durant la réunion: si son comportement vous gêne ou vous choque, abordez ce point en tête-à-tête avec lui après la réunion.

Chapitre VIII

Le rôle de la forme physique et les limites de l'assertivité

I. LE RÔLE DE LA FORME PHYSIQUE

De nombreux ouvrages spécialisés traitent ce problème de façon approfondie. Ce chapitre est uniquement une présentation succincte des notions les plus importantes.

1. Les différents niveaux de stress

En deçà d'un certain niveau de stress, variable selon les individus, on a du mal à mobiliser efficacement son énergie. C'est, par exemple, le cas de tâches que l'on a l'intention de réaliser pendant les vacances (rangement, classement), et que l'on remet de jour en jour sans avoir pu les exécuter avant la reprise du travail. C'est qu'en fait on se démobilise dès les premières journées, et toute tâche planifiée avant devient alors une contrainte insupportable. Pour certains, la baisse du niveau de stress mobilisateur précède même les vacances de quelques jours: avez-vous remarqué ces signes d'impatience et de lassitude qui se manifestent au cours de la dernière semaine de travail et qui s'accompagnent de réflexions du genre: «Heureusement que les vacances arrivent, je deviens incapable de travailler»; «Je suis au bout du rouleau: j'ai vraiment besoin de ces vacances». En fait, si elles se trouvaient planifiées un mois plus tard, ce n'est qu'un mois plus tard qu'apparaîtraient les symptômes liés à la baisse de niveau de stress.

Mais il arrive également qu'ils se manifestent en dehors des périodes de vacances, souvent en liaison avec l'attitude de fuite. C'est une démobilisation générale de tout l'organisme, physique et mental, qui se traduit par des difficultés de concentration, un désintérêt pour le travail et, généralement, un sentiment physique de lassitude, un manque général d'énergie; le corps est comme un appareil électrique dont les piles seraient à changer.

À partir d'un bon niveau de mobilisation, on travaille dans les meilleures conditions possibles: efficacité, rendement, satisfaction personnelle sont alors à leur degré maximum: elles sont également idéales pour l'émergence d'un comportement réellement assertif.

Mais on n'a pas de conscience nette de cet état optimal. Le plus souvent, on assume de plus en plus de tâches et de responsabilités jusqu'à dépasser ses limites, atteignant ainsi une sorte de seuil d'incompétence temporaire dû à un excès de stress. Le résultat est la perte de l'efficacité, et souvent la manifestation d'agressivité. Le problème est donc de maintenir le stress au niveau mobilisateur qui rend efficace, ni au-dessous (démotivation, lassitude) ni au-dessus (agitation, fébrilité). Cet ajustement est comparable à l'échauffement du sportif: avant l'échauffement, l'effort est dangereux et peu efficace. Mais l'excès d'échauffement conduit à la fatigue, qui limite les performances. Il convient donc de connaître précisément les frontières entre lesquelles on fonctionne de façon optimale.

Notons que, là encore, les facteurs de stress de la vie professionnelle et de la vie personnelle se combinent pour donner un niveau de stress résultant qui amalgame pêle-mêle un déménagement personnel, une réunion à préparer, le solde négatif d'un compte en banque, une panne de voiture le matin, un rendez-vous, etc. L'ensemble de tels facteurs détermine le niveau de stress. Tant que celui-ci demeure inférieur à un seuil d'alerte, propre à chacun, c'est que l'on demeure capables de gérer l'ensemble des problèmes qui se présentent. Au-delà, victimes d'une sorte d'*overdose*, on perd peu à peu sa capacité d'organisation et de raisonnement pour entrer dans une sorte de mouvement brownien ou d'agitation inefficace: on n'est plus capable de régir les priorités, de traiter un à un les problèmes en les hiérarchisant, ni de les résoudre convenablement. À la limite, si l'on n'arrive pas à reprendre le contrôle, on peut tomber dans la dépression.

Or, s'il est souvent très difficile de revenir à un niveau de stress acceptable, du fait que l'on perd ses capacités de gestion et d'organisation une fois le seuil dépassé, il est d'ordinaire assez aisé de saisir les signes avant-coureurs d'une forte hausse de tension nerveuse: manque de temps dans tous les domaines, sommeil agité, impression de lassitude dès le réveil, sentiment d'inefficacité croissante, nervosité, impatience, crainte permanente de l'échec, contractures diverses, maux de tête ou d'estomac, maladresses répétées, etc. Dès l'apparition de ces signaux d'alerte, on devrait prendre les mesures nécessaires pour rétablir son équilibre, ce que l'on néglige trop souvent.

Chacun utilise ses propres moyens pour réduire le stress: ce peut être le sommeil, la lecture, la musique, le sport, etc. Pour ceux qui pratiquent une activité physique, la réaction peut être, à un niveau de stress élevé, de la réduire ou même de l'éliminer totalement. Or, c'est exactement le contraire qu'il conviendrait de faire: courir quarante-cinq minutes au lieu de trente, aller à la piscine en fin de journée, jouer au tennis une heure de plus, bref donner à son corps l'exercice dont il a besoin pour éliminer ses toxines et dépenser un surcroît d'énergie. Ceux qui font régulièrement du sport connaissent déjà tous les bienfaits qu'ils en retirent et gèrent d'ordinaire mieux que les autres leur capital santé.

Pour les autres, ou ceux pour qui la pratique habituelle d'un sport est difficile (en déplacement à l'étranger, durant un congrès ou une convention, ou même au cours d'une journée harassante), une méthode pratique de relaxation rapide leur permettrait de remettre les problèmes à leur vraie place, de relativiser leur importance, et de recouvrer la maîtrise de soi, c'est-à-dire sa capacité à faire face aux difficultés du moment. Pour ce faire, il suffit de disposer de quelques minutes d'isolement.

2. La relaxation et la forme physique

Si vous en avez la possibilité, allongez-vous par terre. À défaut, une chaise ou un fauteuil feront l'affaire. Fermez les yeux et concentrez-vous sur votre corps. Cherchez où sont les principales tensions. Prenez une respiration profonde, retenez-la de quinze à vingt secondes avant d'expirer lentement. Concentrez-vous de nouveau sur votre corps, chassez toute pensée parasite. En prenant une nouvelle respiration profonde, contractez tous les muscles de votre corps, des orteils au front: les pieds, les mollets, les cuisses (les jambes seront très tendues), les fessiers, les abdominaux, les pectoraux, les bras (tendus ou pliés), les dents et les poings serrés, le cou rentré dans les épaules. Retenez votre respiration et gardez cette position quinze à vingt secondes, puis relâchez d'un coup cette insupportable tension en expirant lentement. Recommencez deux ou trois fois, en prenant toujours soin de vous concentrer sur l'exercice et en chassant de nouveau toute pensée parasite. Relaxez alors totalement votre corps, en cherchant s'il subsiste des tensions. Selon les individus, elles sont localisées différemment, et le stress entraîne généralement des douleurs d'origine psychosomatique:

maux de tête ou d'estomac pour les uns, raideurs dans la nuque ou dans les reins pour les autres, etc. C'est évidemment à la zone habituelle de contraction ou de douleur qu'il convient d'être le plus attentif: cette zone est-elle totalement relaxée? Est-il possible de la détendre encore en recommençant l'exercice? Celui-ci permet, en une à deux minutes, de faire disparaître la plupart des tensions. S'il en subsiste certaines, il conviendrait d'utiliser d'autres méthodes plus sophistiquées de relaxation par zone musculaire (se rapporter à des ouvrages spécialisés).

Il existe une forte corrélation entre le fait de se sentir bien physiquement et la possibilité de manifester un comportement assertif. N'avez-vous pas vous-même le souvenir de matins glorieux où vous avez eu l'impression que rien ni personne ne pourrait résister à votre enthousiasme, ou au contraire de journées catastrophiques durant lesquelles toutes vos entreprises semblaient vouées à l'échec?

Un athlète de haut niveau, bien entraîné physiquement, fait également des exercices psychiques pour se préparer à une grande épreuve. Il en est de même pour vous. Avant une épreuve importante (un entretien d'évaluation en fin d'année, la renégociation annuelle d'un contrat important, la présentation d'un dossier au comité de direction, une entrevue avec un partenaire étranger pour un contrat de distribution exclusive, etc.) pour mettre toutes les chances de votre côté, ne négligez pas la forme physique: une bonne nuit de sommeil la veille, un repas léger, la pratique de votre sport favori ou un moment de relaxation vous permettront d'aborder cette épreuve avec plus de confiance en vous et la pleine possession de tous vos moyens, physique et intellectuel. De même qu'il est hors de doute que certains sont victimes de maladies psychosomatiques (asthme, migraines, ulcères, etc.), nous pensons qu'il existe une sorte de relation «somatopsychique», et que le fait de se sentir en pleine forme physique entraîne un effet bénéfique sur l'ensemble des facultés intellectuelles que nous pouvons avoir besoin de mobiliser.

II. LES LIMITES DE L'ASSERTIVITÉ

Quand on n'a qu'un marteau,
tous les problèmes sont en forme de clou.

Comme toute méthode ou technique, l'assertivité a ses limites, et l'excès ou le fanatisme conduisent à des comportements absurdes ou sans intérêt. Souvent, comme dans bien d'autres domaines, les néophytes, qui viennent de découvrir un nouvel outil, le croient propre à tous les usages. Dans ce cas précis, ils vont rechercher systématiquement l'attitude la plus assertive dans toutes les situations, sans prendre conscience que certaines de leurs interventions sont ainsi vouées à l'échec.

Ce comportement est en particulier très fréquent au cours de la phase d'apprentissage, lorsqu'on vient de découvrir l'efficacité de la démarche et que l'on a envie de l'introduire dans tous les types de relation. À ce stade, c'est un inconvénient mineur comparé aux progrès qu'il suscite. Mais une fois arrivé à une bonne maîtrise de la méthode, il peut être dangereux ou inutile de l'appliquer dans tous les cas sans discernement. Voici certains cas typiques pour lesquels l'attitude assertive est peu recommandable.

1. L'exercice gratuit

L'exercice gratuit peut être une bonne méthode d'entraînement ou un moyen de vérifier l'étendue de votre zone de confiance. Pratiqué avec excès, il n'est guère gratifiant en raison de son inutilité: vous entreprenez une démarche assertive sans rien en attendre que la preuve de votre capacité à réaliser un exercice difficile.

Les exemples cités ci-après sont des exemples réels d'exercices pratiqués par des participants à nos stages. Ils les ont imaginés et réalisés, dans le seul but d'étendre leur zone de confiance.

Si vous n'attendez pas de résultats favorables de votre intervention, même avec une faible probabilité de réussite, renoncez. Ou sachez que vous êtes dans une phase d'apprentissage ou de perfectionnement, pas dans une phase opérationnelle. Pour bien les distinguer, retenez qu'une intervention assertive de votre part doit conduire, en cas de réussite, au gain d'un avantage pour vous ou pour votre interlocuteur. Ce gain peut se mesurer en termes de plaisir, d'efficacité, d'argent, de qualité relationnelle, peu importe. Idéalement, les deux partenaires devraient bénéficier des retombées de l'intervention.

Florence a décidé de prendre la parole trois fois au cours de la prochaine réunion à laquelle elle serait présente. Elle ne connaît pas encore l'ordre du jour, et ne sait pas si elle aura quelque chose d'intéressant à dire: quel que soit le contexte, elle va chercher à atteindre son objectif d'intervenir à trois reprises. À titre d'exercice pour une débutante, l'épreuve n'est pas sans intérêt. Mais dans le cadre de la stricte efficacité professionnelle, il vaudrait mieux qu'elle intervienne sur un thème qu'elle maîtrise bien ou dans un but précis. Dans le cas présent, elle n'attend rien de son intervention que la preuve qu'elle est capable de la réaliser.

Jean-François est chargé de faire des démonstrations d'un matériel complexe en milieu industriel. Pour ce faire, il réunit souvent une dizaine de personnes dans les usines de ses futurs clients. En raison des contraintes de temps de travail en milieu industriel, il effectue souvent des démonstrations en dehors des heures de production, très tôt le matin ou tard le soir, et n'a jamais osé dire «non» à ce type de demande. Passant d'un excès à l'autre, il a décidé d'annuler la veille une de ses démonstrations et de la repousser de huit jours, juste pour voir si, à la suite de cette décision, le ciel allait lui tomber sur la tête. Bien évidemment, il ne s'est rien passé de tel: le client était assez surpris de cette annulation de dernière minute, mais n'a fait aucune difficulté pour reporter le rendez-vous à la semaine suivante. Jean-François a ainsi appris qu'il était possible de modifier au dernier moment un engagement, mais n'a retiré aucun autre avantage précis de sa demande.

Ces deux débutants ont testé leur capacité à entreprendre des démarches nouvelles. En ce sens, ils ont trouvé un intérêt dans ces pratiques. Mais il est important de noter que pour qui a atteint un bon niveau d'assertivité, ce type de démarche peut être entrepris, à l'occasion, à titre dérivatif, mais ne saurait être généralisé: si vous n'attendez aucun résultat positif de votre action, pourquoi l'entreprendre? Vous avez certainement tous les jours des occasions plus utiles de mettre en œuvre votre assertivité.

2. Les tentatives vouées à l'échec

L'assertivité n'a pas pour objet principal de déplacer les montagnes. Dans certains cas, il peut vous arriver de constater des dysfonctionnements dans l'entreprise, de remarquer des comportements qui vous irritent, et de savoir de façon certaine que vous n'avez pas le pouvoir ou le poids nécessaires pour entreprendre avec succès une action corrective. Vous pouvez alors tenter de faire passer un message assertif qui ne vous procurera qu'une satisfaction toute personnelle, puisque vous savez qu'il ne sera suivi d'aucun effet. Ce serait uniquement un «baroud d'honneur». Pourquoi dépenser votre énergie en vain?

Un premier exemple assez fréquent de cette situation est la présence, dans l'entreprise, de collaborateurs très anciens et âgés, qui occupent leur poste depuis des lustres avec la même incompétence, et qui ne sont plus capables de changer. Toute intervention assertive de votre part n'a pour effet que de les conforter dans l'idée que leur carrière est finie, qu'ils ne sont plus capables de s'adapter.

Lucienne travaille depuis plus de vingt-cinq ans dans une petite entreprise de bijouterie, au service à la clientèle. Elle a connu le temps du courrier en cinq exemplaires avec des carbones et des pelures et n'a pas pu s'adapter à l'informatisation du service. Les commandes étant maintenant traitées sur ordinateur, on lui a confié la gestion des réparations: elle est chargée d'inscrire dans un cahier la liste des bijoux expédiés par les clients et d'en faire effectuer la réparation à l'usine, qui les réexpédie ensuite au client. L'usine est maintenant équipée d'ordinateurs reliés au siège social et souhaite enregistrer directement sur écran les références et les dates de réexpédition, à charge pour Lucienne de vérifier de Paris si les délais sont respectés et si toutes les réparations ont bien été effectuées. Mais, Lucienne ne veut pas et ne peut même pas imaginer de travailler devant un écran. Elle se plaint de la faiblesse de sa vue, de la fatigue et de son âge, et a obtenu qu'on lui imprime deux fois par semaine la liste des réexpéditions afin de pouvoir mettre à jour son précieux cahier. Ce n'est même pas elle qui le fait tant l'outil informatique la rebute.

En face de cette situation, vous pouvez bien évidemment décider d'avoir un entretien assertif avec Lucienne: lui expliquer que les méthodes ont changé, qu'elle travaille très lentement et sans grande efficacité, qu'elle devrait apprendre un minimum d'informatique, etc. On vous a beaucoup parlé d'elle, vous savez que vous aurez droit à une crise de larmes, à une semaine d'arrêt de travail à compter du lendemain, et surtout que votre entretien ne changera absolument rien à son comportement. Il aurait fallu avoir cette conversation il y a dix ans. Lucienne a maintenant soixante-trois ans et va prendre sa retraite d'ici un à deux ans. À quoi bon lui imposer une nouvelle humiliation? Vos prédécesseurs n'ont pas réagi à temps, ou pas assez énergiquement. Vous héritez d'une situation qui n'est pas gérable. Certain de la vanité de votre intervention, autant laisser Lucienne à son petit cahier et consacrer votre énergie à d'autres tâches.

Un second cas, lui aussi fréquent, est la satisfaction d'aller dire en haut lieu ce que vous pensez de certaines décisions, qui vous concernent directement ou indirectement, mais qui ont été prises sans votre avis et qui vous sont communiquées pour exécution. Furieux ou vexé, vous savez pertinemment que vous n'obtiendrez pas de retour en arrière, mais tenez à dire ce que vous en pensez, pour la forme. Puisque votre démarche ne peut être suivie d'aucun effet, pourquoi l'entreprendre?

III. RÉSUMÉ

Selon son activité professionnelle et ses problèmes personnels, le niveau de stress varie dans d'assez larges limites.

En deçà d'un certain niveau mobilisateur, on n'est guère efficace. C'est, par exemple, ce qui peut arriver pendant les vacances ou durant des périodes de démobilisation ou de démotivation durant lesquelles on adopte délibérément l'attitude de fuite.

Au milieu se situe la zone optimale qui permet de gérer de façon satisfaisante son métier et sa vie personnelle et où s'exerce le mieux l'assertivité.

Au-delà d'un certain niveau, on n'est plus capable de faire face même au quotidien; on peut alors observer l'un des deux comportements suivants: une agressivité croissante ou bien le refuge dans la fuite (à la limite, c'est la dépression).

Une façon de lutter contre le stress est la pratique d'exercices de relaxation. Nous indiquons une méthode simple de relaxation rapide, utilisable en tous lieux.

D'une façon générale, nous sommes persuadés qu'il existe un lien étroit entre le fait de se sentir bien dans son corps et l'attitude assertive. Dans des circonstances difficiles notamment, il convient d'être particulièrement attentif à sa forme physique afin de pouvoir mobiliser toute son énergie, physique et mentale, au service de ses projets.

Comme toute méthode, l'assertivité comporte des limites d'utilisation au delà desquelles elle devient inutile, voire nocive.

Les deux cas les plus fréquents dans lesquels le comportement assertif est stérile sont, d'une part, l'exercice gratuit (convenable seulement dans une phase d'apprentissage), dont il ne faut attendre aucun résultat concret, et, d'autre part, la démarche effectuée pour la forme (vous savez qu'elle est vouée d'avance à l'échec), un «baroud d'honneur» que l'on effectue pour sauver la face. En règle générale, toute intervention dont on n'espère aucun effet positif ni pour soi ni pour l'autre devrait être abandonnée.

Chapitre IX

Profiter de ses progrès et atteindre l'intimité

Ce dernier chapitre brosse un tableau rapide des avantages que procure une attitude systématiquement plus assertive. Pourquoi, en effet, se donner la peine de faire des efforts si le jeu n'en vaut pas la chandelle? Or, les bénéfices seront d'autant plus nombreux et faciles à recueillir que vous aurez choisi vos objectifs dans un domaine important pour vous. Vous constaterez certainement, indépendamment de vos progrès dans la vie professionnelle, que votre vie personnelle se trouve aussi enrichie, en raison d'un style de communication plus direct avec vos amis, vos proches, et tous ceux qui forment votre réseau relationnel.

Certes, tout cela ne se fera pas en une semaine. Comme tout effort de développement (physique, intellectuel, artistique, économique), le processus de progrès prend du temps: il est absolument nécessaire de viser au début des objectifs modestes et raisonnables afin de ne pas se trouver bloqué par un échec prématuré. Dans ces conditions, la progression est nécessairement lente, et le plus souvent la constance dans l'effort fait défaut: comment penser à l'assertivité quelques minutes par jour pendant des semaines ou des mois? C'est pourtant cette action à terme qui génère le progrès: pour apprendre une langue étrangère, il est généralement plus rentable d'y consacrer trente minutes par jour que trois heures consécutives par semaine. Il en est de même pour l'assertivité.

Toutefois, un stage de formation est souvent susceptible d'accélérer considérablement le processus de démarrage. Le principal obstacle du début est en effet le risque professionnel, qui est généralement jugé, avec raison, comme inacceptable. Les premières tentatives pour sortir de la zone de confort dans l'entreprise même sont donc très timides et peu gratifiantes.

La formation présente souvent de nombreux avantages:

— *Isolement du contexte professionnel:* les stagiaires se retrouvent en terrain neutre, sans craindre que les propos qu'ils tiennent ou les expériences qu'ils vont tenter puissent avoir des conséquences réellement fâcheuses pour eux.

— *Soutien du groupe:* l'ensemble des stagiaires forme un groupe solidaire dont les membres vont, tour à tour, faire diverses expériences avec plus ou moins de bonheur. Même si certains essais sont particulièrement maladroits ou peu couronnés de succès, nul ne songe à s'en moquer en raison de la nécessité pour tous de mettre en œuvre la méthode expérimentale. Les succès sont encourageants, les échecs ainsi que l'exemple des autres sont source d'apprentissage.

— *Soutien de l'animateur:* entre l'intention et l'exécution se glissent parfois des maladresses qui font échouer une tentative. Un animateur expérimenté apprécie rapidement les limites des stagiaires et se trouve donc en mesure ou bien de modérer leurs premiers objectifs, ou bien de leur donner certains conseils qui les aident à franchir les premiers obstacles.

— *Anonymat:* en présence d'un groupe d'inconnus, il est souvent plus facile de prendre conscience de ses points faibles et d'en discuter qu'en présence de collaborateurs de l'entreprise que l'on reverra la semaine suivante au travail. La quasi-certitude de ne jamais revoir les membres de l'équipe (sauf si l'on en éprouve le désir) est donc un facteur de confiance important.

Cet ensemble de raisons fait qu'en deux ou trois jours de stage, on a pratiqué suffisamment d'exercices pour bien assimiler les principes fondamentaux de l'assertivité, donc poursuivre ensuite seul son développement en ayant ainsi gagné beaucoup de temps. Le stage ressemble, en quelque sorte, à l'apprentissage du ski: il est possible d'apprendre seul, mais le processus est long et demande beaucoup d'énergie. Au contraire, après avoir acquis les rudiments (savoir tourner, s'arrêter, prendre le remonte-pente), il devient possible de s'entraîner seul avec un profit bien plus grand.

En guise de conclusion, nous croyons utile de rappeler les principaux bénéfices du développement et de la maîtrise d'une attitude assertive.

I. UNE ZONE DE CONFORT ÉLARGIE

La zone de confort n'a pas de limites, elle peut croître indéfiniment (ainsi que celles qui l'entourent), mais pas uniformément dans tous les domaines; elle émet des pseudopodes dans une direction, puis dans une autre, puis recouvre peu à peu une surface de plus en plus vaste. Après avoir développé votre assertivité vis-à-vis de vos collègues, il vous semblera beaucoup plus simple de la développer envers votre supérieur. Si cette nouvelle tentative est un succès, le directeur général, qui, jusque-là, vous terrifiait, ne vous semblera peut-être plus qu'un tigre de papier.

En dépit des efforts de chacun, subsiste une limite à cette zone de confort, en raison de la taille du piédestal sur lequel on place, à tort ou à raison, certains de nos interlocuteurs potentiels. Pour les uns, c'est le contremaître ou le chef du personnel, pour les autres, le ministre de tutelle ou le chef d'État. Ce qui est important, c'est de se rendre compte que ce piédestal n'existe pas, qu'on le fabrique de toutes pièces, et qu'on peut le faire disparaître. Le détruire (ou se hausser à son niveau) ne veut d'ailleurs pas dire que l'on cesse d'estimer ou même d'admirer: on peut, tout en conservant une immense admiration pour quelqu'un, communiquer sans complexe avec lui, comme le font, par exemple, les journalistes avec certaines personnalités. Dans des domaines plus familiers, certains ont beaucoup à gagner en devenant plus assertifs dans leurs rapports avec leur concierge ou leur femme de ménage…

Dans tous les cas, dès vos premiers succès, vous constaterez combien les autres sont plus accessibles, et combien le progrès est générateur de «bien-vivre» et de satisfaction personnelle.

II. UNE COMMUNICATION PLUS FACILE

Les médias ne cessent de souligner l'importance de la communication. La pratiquer avec aisance devient un talent de plus en plus recherché, et l'assertivité nous semble l'une des meilleures clés pour ouvrir cette porte. Vous pouvez, en appliquant les méthodes de ce livre, développer votre capacité d'écoute, formuler tout type de demande, dire «non» lorsque vous le désirez. Progressivement, vous allez constater que vos interlocuteurs sont sensibles à votre assertivité: des demandes que vous formulerez sans grand espoir recevront une réponse positive, et les réponses négatives de votre part n'auront pas les conséquences fâcheuses que vous auriez pu prévoir. Tout naturellement, ceci vous encouragera à poursuivre vos efforts sur un terrain qui paraîtra de moins en moins escarpé.

Voici une liste non exhaustive de situations dans lesquelles un talent de bon communicateur peut avoir une influence déterminante sur votre avenir:

— les parties orales des examens;

— les entretiens de sélection;

— les négociations avec des clients actuels ou potentiels;
— les négociations en position d'acheteur;
— les négociations de salaire ou d'avancement;
— les réunions avec des niveaux hiérarchiques supérieurs;
— les rencontres interprofessionnelles;
— les colloques internationaux;
— les dialogues avec diverses administrations;
— les négociations syndicales;
— etc.

Nous vous souhaitons, dans n'importe laquelle de ces situations, de savoir conserver votre attitude assertive: elle sera le meilleur rempart contre l'agressivité, la passivité ou la manipulation que vous pourriez avoir à affronter. Le changement d'attitude de vos interlocuteurs constitue d'ailleurs un excellent moyen de tester votre niveau d'assertivité. D'une façon surprenante, l'assertivité est contagieuse: dans un premier temps, votre nouveau comportement en surprendra plusieurs. Accoutumés à votre passivité ou à votre agressivité, ils seront étonnés par votre nouveau ton. Mais après une période d'accoutumance, ils vont se mettre au même diapason que vous. Voyant que vous êtes prêt à écouter et à prendre en compte sa réponse, celui que vous interrogiez et qui ne s'exprimait jamais va vous faire part de son avis. Inversement, celui qui ne vous écoutait jamais vous prêtera attention. Votre premier «non» surprendra votre interlocuteur: ce sera sans doute pour vous le moment le plus difficile. Puis votre interlocuteur intégrera cette nouvelle composante de votre personnalité et saura, désormais, qu'il n'est pas impossible que vous disiez «non». Cette récente donnée peut le conduire à modifier son comportement en conséquence.

Votre opinion prendra plus de poids, sera plus souvent sollicitée et, sans doute, plus souvent prise en compte. En même temps que votre attitude, celle des autres envers vous se modifiera, vous donnant la place à laquelle vous aviez droit mais que vous refusiez d'occuper. Reprenez-la donc, occupez-la pleinement en bonne intelligence avec tout votre entourage professionnel, et aidez tous les collaborateurs de l'entreprise à en faire autant. Développer l'assertivité est l'une des missions les plus gratifiantes de notre métier de formateur. À vous aussi, ceux que vous aurez aidé à devenir plus assertifs viendront dire merci.

III. L'INTIMITÉ DANS LE CADRE DU TRAVAIL

1. Un mode de relation privilégié

Nous emploierons ici le mot «intimité» dans le sens d'une relation personnelle volontairement établie avec un ou une collègue de travail: c'est une forme de communication authentique, sincère et gratifiante entre deux personnes qui ont confiance l'une dans l'autre, et qui ont envie d'utiliser cette confiance pour mettre en commun des opinions ou des sentiments en toute liberté.

«L'intimité est fondée sur la confiance réciproque, l'absence de projets, la reconnaissance de l'autre, et l'acceptation de se montrer tel qu'on est, sans déguisement ni artifices. Ceux qui la pratiquent ont ouvert toutes grandes les vannes de la communication, sont entièrement présents dans l'échange et prêts à s'exprimer, prêts à accueillir l'imprévisible[1].»

Généralement, cette relation d'intimité s'exerce en dehors du cadre professionnel: c'est le mode de rapport privilégié qu'il est souhaitable d'établir avec son conjoint, ses amis proches, plus rarement avec certains membres de sa famille. Mais nous pensons qu'il n'y a que des avantages à créer ce type de contact dans le cadre professionnel.

Il ne s'agit certes pas d'établir des relations d'intimité avec tous les collaborateurs de l'entreprise: outre le temps qu'il fau-

1. G. Jaoui, *Le triple moi.*

drait y consacrer, il n'y a même aucune raison d'envisager une telle démarche. L'intimité, en effet, ne peut s'établir qu'avec des individus dont on se sent proche, pour des raisons tout à fait personnelles, et avec lesquels on souhaite établir des liens privilégiés.

Nous ne croyons pas, contrairement à une idée solidement ancrée mais sans fondement, que ces liens puissent constituer un obstacle au travail, même s'ils s'établissent entre des collaborateurs de niveaux différents appelés à travailler ensemble. Les périodes d'intimité sont en effet brèves et occasionnelles et ne sauraient, en aucun cas, constituer une entrave à la bonne exécution des tâches, bien au contraire. Peut-être est-il opportun de souligner, afin d'éviter toute ambiguïté, qu'intimité ne sous-entend en aucune façon le choix d'un partenaire sexuel pour une aventure d'un soir, d'une fin de semaine ou même une liaison durable: l'intimité dont nous parlons est seulement une sorte de complicité, de brève parenthèse dans la vie d'entreprise, au cours de laquelle vous vous sentez libre d'échanger avec un tiers des idées ou des sentiments personnels et authentiques, parce que vous en avez besoin et que ce mode de communication est extrêmement gratifiant.

2. Le choix d'un partenaire

Pour établir une relation d'intimité, la première démarche est bien évidemment le choix d'un ou d'une partenaire. À l'instant où vous lisez ces lignes, peut-être savez-vous déjà de qui vous avez envie de vous rapprocher. Sinon, pour mieux choisir, développez une attitude d'écoute et d'ouverture. Savez-vous consacrer quelques minutes, à l'occasion, à écouter celui ou celle qui aborde une question personnelle, ou vous précipitez-vous dans une attitude de fuite en prétextant un travail urgent? Pour mieux connaître les préoccupations personnelles des collaborateurs de votre entreprise, il est nécessaire de leur consacrer un minimum de temps, quand bien même vous décideriez, à la suite de quelques expériences, de trouver une échappatoire dès l'apparition de certains ou de leur faire savoir de façon assertive que vous ne souhaitez pas recueillir plus de confidences de leur part.

Il se peut aussi que vous ayez envie de mieux en connaître d'autres. En ce cas, il ne devrait pas être difficile de le leur faire sentir par l'intérêt que vous leur témoignez, ou de le leur dire, si votre zone de confiance vous le permet.

À défaut, vous pouvez également rechercher dans l'entreprise ceux qui paraissent avoir les mêmes goûts que vous.

— Qui met le casque de son baladeur sur la tête dès la sortie du bureau?

— Qui transporte toujours au moins un livre dans son sac ou son attaché-case?

— Qui déjeune toujours rapidement et légèrement?

— Qui préfère un sandwich et un verre de vin au bistro du coin à l'insipide menu de la cantine?

— Qui arrive à la même heure que vous?

— Quels sont ceux qui ne supportent pas la fumée? Ou qui fument les mêmes cigarettes que vous?

— Qui a des plantes vertes ou des fleurs dans son bureau?

— Qui sont, en d'autres termes, ceux ou celles avec qui vous avez envie d'avoir d'autres relations que des échanges strictement professionnels?

Dès lors, la porte est entrouverte, et il suffit de la pousser pour établir, à l'occasion d'une rencontre fortuite ou provoquée, un autre style de relation:

«J'ai remarqué que vous ne vous déplaciez jamais sans votre baladeur. Quel genre de musique écoutez-vous?»

«Tiens, vous lisez Herman Hesse. J'adore. Avez-vous lu *Siddartha*?»

«Nous avons le même menu: salade et yaourt. Êtes-vous au régime?»

«Saucisson et vin rouge: c'est votre menu préféré?»

«Vous aussi aimez arriver très tôt? Je trouve qu'on est plus tranquille le matin.»

«Enfin un bureau non-fumeur. C'est rare à notre étage.»

«Je crois que vous fumez des Marlboro. Je n'ai plus de cigarettes, n'auriez-vous pas un paquet à me vendre?»

«Vous avez des plantes superbes. Elles viennent de chez vous?»

Ce type de démarche, apparemment anodine, est en fait une forme subtile d'assertivité qui consiste à sonder le terrain afin de pouvoir estimer la zone de confort de votre interlocuteur: si celle-ci est très réduite (ce qui est assez fréquent), toute démarche réellement assertive de votre part sera perçue comme une insupportable agression. Ce n'est pas nécessairement parce que votre collègue est au régime comme vous qu'elle va accepter (ou refuser, si elle est capable de dire «non») de venir passer la fin de semaine dans votre maison de campagne pour faire de la confiture ou des conserves de haricots verts avec vos cousins et vos grands-parents. Dans le cadre du respect de soi-même et de votre interlocuteur, ce sondage de la zone de confort de l'autre est un élément essentiel pour la réussite de votre projet: soyez très assertif avec qui l'est, procédez par étapes avec ceux qui sont en permanence sur la défensive. La confiance se gagne peu à peu, et il serait très dommage, en raison d'une seule maladresse, de vous fermer définitivement une porte que vous désirez entrouvrir. Ayez donc la patience d'agir progressivement, par étapes, et de ne pas vous précipiter sur le collègue de votre choix en lui expliquant immédiatement de but en blanc que vous souhaitez nouer des relations plus étroites avec lui: d'un échange de quelques phrases naîtra l'envie de mieux se connaître. Vous pourrez déjeuner ensemble une fois, renouveler l'expérience, puis éventuellement établir des relations personnelles bien plus étroites, si vous en avez tous les deux envie.

3. Une relation gratifiante à développer

Une fois établi ce contact plus personnel, la relation peut se développer naturellement: vous avez en effet tous les jours des occasions de prolonger des moments d'intimité qui permettent une meilleure intégration de la vie personnelle dans la vie professionnelle. Beaucoup de salariés sont mal à l'aise dans leur travail en raison de la rigidité des barrières qu'ils ont eux-mêmes soigneusement construites pour séparer les deux parties de leur vie.

Arrivé de bonne heure au bureau, vous êtes excédé par toutes sortes de problèmes qui ne cessent de se succéder depuis ce matin: une réunion imprévue vous a été annoncée pour 14 h, un dossier que vous croyiez réglé vient de revenir sur votre bureau, et vous venez, par maladresse ou inadvertance, d'effacer un fichier important sur lequel vous étiez en train de travailler. Plutôt que de continuer à râler dans votre coin, pourquoi ne pas rejoindre le collègue avec lequel vous avez déjà une assez grande intimité, prendre un café avec lui et tout lui raconter? Il saura sans doute vous remonter le moral, et vous reprendrez plus calmement le cours de votre travail.

Un autre jour, vous constatez que l'ordinateur que vous attendiez depuis plus de trois mois, sans même y croire encore, vient de vous être livré. Vous téléphonez immédiatement à votre conjointe pour lui faire part de votre joie. N'avez-vous pas sur place un collègue avec qui partager votre enthousiasme? N'est-ce pas justement le bon moment pour l'inviter à déjeuner et fêter avec lui cet événement?

Le fait de pouvoir partager ainsi les difficultés et les satisfactions de votre vie est susceptible de modifier la nature de vos relations avec certains collègues: si vous réussissez à développer des relations d'intimité avec deux ou trois personnes, tout votre environnement professionnel se trouvera changé: vous aurez l'occasion d'évoquer avec eux des problèmes personnels (les vacances, les relations avec les enfants, l'atmosphère familiale) ou professionnels (vos problèmes avec tel ou tel service ou direction, les réunions interminables, les satisfactions ou les échecs), et d'éviter de dissimuler des sentiments qui vous irritent au point de vous empêcher de travailler. Le simple fait d'en parler fait baisser la pression et peut vous rendre votre bonne humeur.

Vous n'avez qu'une vie, et les événements personnels ont évidemment une influence sur votre travail, et vice versa. Vous pouvez être obligé de quitter un moment votre bureau pour aller chez le dentiste, ou d'effectuer un voyage professionnel qui vous demande la mise en place temporaire d'une organisation personnelle différente. Plutôt que de tout cloisonner, pourquoi ne pas rechercher l'ouverture: la pause-café et le déjeuner deviendront ainsi des occasions d'échange et d'intimité qui vous aideront à reprendre votre travail dans de meilleures conditions.

On vit tous dans une société dans laquelle le plaisir n'a pas la place que l'on aimerait lui voir prendre: travailler avec plaisir est un très bel objectif encore difficile à faire admettre dans bien des entreprises. Je souhaite que l'assertivité soit pour vous, au-delà d'un moyen de développer votre efficacité personnelle, la source de nouveaux plaisirs dans vos relations professionnelles et personnelles.

IV. RÉSUMÉ

Pour développer votre assertivité, la formation présente certains avantages permettant, au début du moins, d'effectuer des progrès plus rapides: vous êtes en dehors du cadre professionnel, ce qui limite les risques; vous bénéficiez du soutien du groupe et de l'animateur et, dans le cas d'un stage interentreprises, d'un anonymat qui peut être un atout.

Le comportement assertif vous permet essentiellement de développer sans limites votre zone de confort. De plus, l'aisance dans la communication est un gage de succès dans de très nombreuses situations professionnelles (concours, examens, entretiens, etc.).

Enfin, le comportement assertif est contagieux: à votre contact, vos interlocuteurs apprendront à calquer leur comportement sur le vôtre, deviendront à leur tour plus assertifs et vous en seront reconnaissants.

Au-delà des strictes relations professionnelles, nous vous recommandons de nouer des relations d'intimité avec certains collaborateurs de votre entreprise après avoir effectué un choix judicieux. Cette démarche prudente vous conduira progressivement vers l'intimité, la forme la plus élaborée de la communication. Soyez attentif et ne cherchez pas à atteindre trop vite cet objectif: l'intimité s'acquiert peu à peu après avoir été invité à franchir une à une les barrières que chacun dresse pour préserver son jardin secret. Au bout du compte, les relations d'intimité enrichiront votre vie professionnelle, vous permettant — nous le souhaitons — de travailler avec plus de plaisir et de satisfaction.

Bibliographie

BACH, George et Herb GOLDBERG.? *Creative aggression,* New York, Signet, 1974, 330 p.

BLANCHARD, Kenneth et Spencer JOHNSON. *Le manager minute,* Paris, Les Éditions d'organisation, 1987, 114 p.

CHALVIN, Dominique. *L'affirmation de soi,* Paris, ESF, 1980, 130 p.

CHAMFORT. *Maximes, pensées, caractères et anecdotes,* Paris, Garnier, Flammarion, 1968, 440 p.

DEVERS, Thomas. *Communiquer autrement,* Paris, Les Éditions d'organisation, 1985, 125 p.

FENSTERHEIM, Herbert et Jean BAER. *Don't say yes when you want to say no,* New York, Dell, 1978, 302 p.

FEVRE, Odile et Éric SCHULER. *L'affirmation de soi au féminin,* Paris, ESF, 1996, 164 p.

FISCHER, Roger et William URY. *Getting to Yes,* New York, Penguin Books, 1981, 160 p.

HADEN ELGIN, Suzette. *Staying well with the Gentle Art of Verbal self Defense,* Englewood Cliffs, New Jersey, Prentice Hall, 1990, 272 p.

HILL Napoleon et Clement STONE. *Succes through a Positive Mental Attitude,* New York, Pocket Books, 1987, 302 p.

JAOUI, Gysa. *Le triple moi,* Paris, Robert Laffont, 1979, 242 p.

JAOUI, Huber. *Créatifs au quotidien,* Marseille, Hommes et perspectives, 1991, 190 p.

JEFFERS, Susan. *Feel the Fear and do it Anyway,* Chatham, Mackays of Chatham PLC, 1987, 224 p.

JOHNSON, Spencer et Larry WILSON. *The One Minute Sales Person,* Glasgow, William Collins Sons & Co. Ltd, 1984, 108 p.

KASSORLA, Irène. *Go for It,* Londres, Futura, 1984, 290 p.

LA ROCHEFOUCAULD. *Maximes et réflexions,* Paris, «Livre de Poche classique», Gallimard.

MILLER, WACKMANN, NUNNALY et SALINE. *Straight Talk,* New York, Signet,1982, 300 p.

PETER, L.J. et R. HULL. *Le Principe de Peter,* Paris, «Livre de Poche», Stock, 1970, 188 p.

RÉMY, Pierre-Jean. *Un voyage d'hiver,* Paris, Gallimard, 1981, 306 p.

SCHULER, Éric. *Prenez votre vie en main,* Paris, Les Éditions d'organisation, Paris, 1993, 178 p.

STUBBS, David R. *Assertiveness at Work,* Londres, Pan Books, 1985, 154 p.

Table des matières

LES ÉDITIONS DE L'HOMME

Ouvrages parus aux Éditions de l'Homme

Psychologie, vie affective, vie professionnelle, sexualité

20 minutes de répit, Ernest Lawrence Rossi et David Nimmons
1001 stratégies amoureuses, Marie Papillon
À dix kilos du bonheur, Danielle Bourque
L'adultère est un péché qu'on pardonne, Bonnie Eaker Weil et Ruth Winter
* **Aider mon patron à m'aider,** Eugène Houde
Aimer et se le dire, Jacques Salomé et Sylvie Galland
À la découverte de mon corps — Guide pour les adolescentes, Lynda Madaras
À la découverte de mon corps — Guide pour les adolescents, Lynda Madaras
L'amour comme solution, Susan Jeffers
* **L'amour, de l'exigence à la préférence,** Lucien Auger
* **L'amour en guerre,** Guy Corneau
Les anges, mystérieux messagers, Collectif
Apprendre à dire non, Marcelle Lamarche et Pol Danheux
L'approche émotivo-rationnelle, Albert Ellis et Robert A. Harper
L'art de parler en public, Ed Woblmuth
L'art d'être parents, Dr Benjamin Spock
Balance en amour, Linda Goodman
Bélier en amour, Linda Goodman
Bientôt maman, Janet Whalley, Penny Simkin et Ann Keppler
* **Le bonheur au travail,** Alan Carson et Robert Dunlop
Cancer en amour, Linda Goodman
Capricorne en amour, Linda Goodman
Ces chers parents!..., Christina Crawford
Ces gens qui vous empoisonnent l'existence, Lilian Glass
* **Ces hommes qui méprisent les femmes... et les femmes qui les aiment,** Dr Susan Forward et Joan Torres
Ces visages qui en disent long, Jeanne-Élise Alazard
Changer en douceur, Alain Rochon
Changer ensemble — Les étapes du couple, Susan M. Campbell
Changer, oui, c'est possible, Martin E. P. Seligman
Les clés du succès, Napoleon Hill
Comment aider mon enfant à ne pas décrocher, Lucien Auger
Comment communiquer avec votre adolescent, E. Weinhaus et K. Friedman
Comment faire l'amour sans danger, Diane Richardson
* **Comment parler en public,** S. Barrat et C. H. Godefroy
Comment s'amuser à séduire l'autre, Lili Gulliver
Le complexe de Casanova, Peter Trachtenberg
* **Comprendre et interpréter vos rêves,** Michel Devivier et Corinne Léonard
La côte d'Adam, M. Geet Éthier
Découvrez votre quotient intellectuel, Victor Serebriakoff
Découvrir un sens à sa vie avec la logothérapie, Viktor E. Frankl
Le défi de vieillir, Hubert de Ravinel
* **De ma tête à mon cœur,** Micheline Lacasse
La dépression contagieuse, Ronald M. Podell
La deuxième année de mon enfant, Frank et Theresa Caplan
Devenez riche, Napoleon Hill
* **Dieu ne joue pas aux dés,** Henri Laborit

Les douze premiers mois de mon enfant, Frank Caplan
Les dynamiques de la personne, Denis Ouimet
Dynamique des groupes, Jean-Marie Aubry
En attendant notre enfant, Yvette Pratte Marchessault
* **Les enfants de l'autre,** Erna Paris
Les enfants de l'indifférence, Andrée Ruffo
* **L'enfant unique — Enfant équilibré, parents heureux,** Ellen Peck
L'Ennéagramme au travail et en amour, Helen Palmer
Entre le rire et les larmes, Élisabeth Carrier
* **L'esprit du grenier,** Henri Laborit
Êtes-vous faits l'un pour l'autre?, Ellen Lederman
* **L'étonnant nouveau-né,** Marshall H. Klaus et Phyllis H. Klaus
Être soi-même, Dorothy Corkille Briggs
* **Évoluer avec ses enfants,** Pierre-Paul Gagné
Exceller sous pression, Saul Miller
* **Exercices aquatiques pour les futures mamans,** Joanne Dussault et Claudia Demers
Fantaisies amoureuses, Marie Papillon
La femme indispensable, Ellen Sue Stern
La force intérieure, J. Ensign Addington
Le fruit défendu, Carol Botwin
Gémeaux en amour, Linda Goodman
Le goût du risque, Gert Semler
Le grand dauphin blanc, Bruno Saint-Cast
* **Le grand manuel des cristaux,** Ursula Markham
La graphologie au service de votre vie intime et professionnelle, Claude Santoy
Guérir des autres, Albert Glaude
Le guide du succès, Tom Hopkins
Histoire d'une femme traquée, Gaëtan Dufour
L'histoire merveilleuse de la naissance, Jocelyne Robert
Horoscope chinois 1998, Neil Somerville
Les initiales du bonheur, Ronald Royer
L'insoutenable absence, Regina Sara Ryan
J'ai commis l'inceste, Gilles David
* **J'aime,** Yves Saint-Arnaud
J'ai rendez-vous avec moi, Micheline Lacasse
Jamais seuls ensemble, Jacques Salomé
Je crois en moi et je vais mieux!, Christ Zois et Patricia Fogarty
Je réinvente ma vie, J. E. Young et J. S. Klosko
* **Le journal intime intensif,** Ira Progoff
Le langage du corps, Julius Fast
Lion en amour, Linda Goodman
Le mal des mots, Denise Thériault
Maman a raison, papa n'a pas tort..., Dr Ron Taffel
Les manipulateurs sont parmi nous, Isabelle Nazare-Aga
Ma sexualité de 0 à 6 ans, Jocelyne Robert
Ma sexualité de 6 à 9 ans, Jocelyne Robert
Ma sexualité de 9 à 12 ans, Jocelyne Robert
La méditation transcendantale, Jack Forem
Le mensonge amoureux, Robert Blondin
Mère à la maison et heureuse! Cindy Tolliver
* **Mon enfant naîtra-t-il en bonne santé?,** Jonathan Scher et Carol Dix
Parle, je t'écoute..., Kris Rosenberg
Parle-moi... j'ai des choses à te dire, Jacques Salomé
Parlez-leur d'amour, Jocelyne Robert
Parlez pour qu'on vous écoute, Michèle Brien
Pas de panique!, Dr R. Reid Wilson
Père manquant, fils manqué, Guy Corneau
Petit bonheur deviendra grand, Éliane Francœur
Les peurs infantiles, Dr John Pearce

Peut-on être un homme sans faire le mâle?, John Stoltenberg
* **Les plaisirs du stress,** Dr Peter G. Hanson
Poissons en amour, Linda Goodman
Pour entretenir la flamme, Marie Papillon
Pourquoi l'autre et pas moi? — Le droit à la jalousie, Dr Louise Auger
Le pouvoir d'Aladin, Jack Canfield et Mark Victor Hansen
Préparez votre enfant à l'école dès l'âge de 2 ans, Louise Doyon
* **Prévenir et surmonter la déprime,** Lucien Auger
Le principe de Peter, L. J. Peter et R. Hull
Psychologie de l'enfant de 0 à 10 ans, Françoise Cholette-Pérusse
* **La puberté,** Angela Hines
La puissance de la vie positive, Norman Vincent Peale
La puissance de l'intention, Richard J. Leider
Qui a peur d'Alexander Lowen?, Édith Fournier
Réfléchissez et devenez riche, Napoleon Hill
La réponse est en moi, Micheline Lacasse
Rompre pour de bon!, Joyce L. Vedral
Ronde et épanouie!, Cheri K. Erdman
S'affirmer et communiquer, Jean-Marie Boisvert et Madeleine Beaudry
S'aider soi-même davantage, Lucien Auger
Sagittaire en amour, Linda Goodman
Scorpion en amour, Linda Goodman
Se comprendre soi-même par des tests, Collaboration
Se connaître soi-même, Gérard Artaud
Secrets d'alcôve, Iris et Steven Finz
Les secrets de la flexibilité, Priscilla Donovan et Jacquelyn Wonder
Les secrets de l'astrologie chinoise ou le parfait bonheur, André H. Lemoine
* **Se guérir de la sottise,** Lucien Auger
S'entraider, Jacques Limoges
* **La sexualité du jeune adolescent,** Dr Lionel Gendron
Si je m'écoutais je m'entendrais, Jacques Salomé et Sylvie Galland
* **Superlady du sexe,** Susan C. Bakos
Taureau en amour, Linda Goodman
Le temps d'apprendre à vivre, Lucien Auger
Tics et problèmes de tension musculaire, Kieron O'Connor et Danielle Gareau
Tirez profit de vos erreurs, Gerard I. Nierenberg
Tout se joue avant la maternelle, Masaru Ibuka
* **Travailler devant un écran,** Dr Helen Feeley
Un autre corps pour mon âme, Michael Newton
* **Un monde insolite,** Frank Edwards
* **Un second souffle,** Diane Hébert
Verseau en amour, Linda Goodman
* **La vie antérieure,** Henri Laborit
Vieillir au masculin, Hubert de Ravinel
Vierge en amour, Linda Goodman
Vivre avec un cardiaque, Rhoda F. Levin
Vos enfants consomment-ils des drogues?, Steve Carper et Timothy Dimoff
Votre enfant est-il trop sensible?, Janet Poland et Judi Craig
Votre enfant est-il victime d'intimidation?, Sarah Lawson
Vouloir c'est pouvoir, Raymond Hull
Vous valez mieux que vous ne pensez, Patricia Cleghorn

Santé, beauté

Alzheimer — Le long crépuscule, Donna Cohen et Carl Eisdorfer
L'arthrite, Dr Michael Reed Gach
Bien vivre, mieux vieillir, Marie-Paule Dessaint
Bon vin, bon cœur, bonne santé!, Frank Jones

Le cancer du sein, Dr Carol Fabian et Andrea Warren
* **Comment arrêter de fumer pour de bon,** Kieron O'Connor, Robert Langlois et Yves Lamontagne
De belles jambes à tout âge, Dr Guylaine Lanctôt
* **Dites-moi, docteur...,** Dr Raymond Thibodeau
Dormez comme un enfant, John Selby
Dos fort bon dos, David Imrie et Lu Barbuto
Dr Dalet, j'ai mal, que faire?, Dr Roger Dalet
* **Être belle pour la vie,** Bronwen Meredith
La faim de vivre, Geneen Roth
Guide critique des médicaments de l'âme, D. Cohen et S. Cailloux-Cohen
L'hystérectomie, Suzanne Alix
L'impuissance, Dr Pierre Alarie et Dr Richard Villeneuve
Initiation au shiatsu, Yuki Rioux
* **Maigrir: la fin de l'obsession,** Susie Orbach
Maladies imaginaires, maladies réelles?, Carla Cantor et Dr Brian A. Fallon
* **Le manuel Johnson & Johnson des premiers soins,** Dr Stephen Rosenberg
* **Les maux de tête chroniques,** Antonia Van Der Meer
Maux de tête et migraines, Dr Jacques P. Meloche et J. Dorion
La médecine des dauphins, Amanda Cochrane et Karena Callen
Mince alors... finis les régimes!, Debra Waterhouse
Perdez du poids... pas le sourire, Dr Senninger
Perdre son ventre en 30 jours, Nancy Burstein
La pharmacie verte, Anny Schneider
* **Principe de la technique respiratoire,** Julie Lefrançois
* **Programme XBX de l'aviation royale du Canada,** Collectif
Renforcez votre immunité, Bruno Comby
Le rhume des foins, Roger Newman Turner
Ronfleurs, réveillez-vous!, Jocelyne Delage et Jacques Piché
La santé après 50 ans, Muriel R. Gillick
Savoir relaxer — Pour combattre le stress, Dr Edmund Jacobson
* **Soignez vos pieds,** Dr Glenn Copeland et Stan Solomon
Le supermassage minute, Gordon Inkeles
Vaincre les ennemis du sommeil, Charles M. Morin
Vivre avec l'alcool, Louise Nadeau

Cuisine et nutrition

Les aliments et leurs vertus, Jean Carper
Les aliments pour rester jeune, Jean Carper
Les aliments qui guérissent, Jean Carper
Le barbecue, Patrice Dard
* **Bien manger sans se serrer la ceinture,** Marie Breton
* **Biscuits et muffins,** Marg Ruttan
Bon appétit!, Mia et Klaus
Les bonnes soupes du monastère, Victor-Antoine d'Avila-Latourette
Bonne table, bon sens, Anne Lindsay
Bonne table et bon cœur, Anne Lindsay
* **Bons gras, mauvais gras,** Louise Lambert-Lagacé et Michelle Laflamme
Le boulanger électrique, Marie-Paul Marchand
* **Le cochon à son meilleur,** Philippe Mollé
* **Cocktails de fruits non alcoolisés,** Lorraine Whiteside
Combler ses besoins en calcium, Denyse Hunter
Comment nourrir son enfant, Louise Lambert-Lagacé
La congélation de A à Z, Joan Hood
Les conserves, Sœur Berthe
* **Crème glacée et sorbets,** Yves Lebuis et Gilbert Pauzé
Cuisine amérindienne, Françoise Kayler et André Michel

La cuisine au wok, Charmaine Solomon
* **La cuisine chinoise traditionnelle,** Jean Chen
La cuisine des champs, Anne Gardon
La cuisine, naturellement, Anne Gardon
* **Cuisiner avec le four à convection,** Jehane Benoit
Cuisine traditionnelle des régions du Québec, Institut de tourisme et d'hôtellerie du Québec
Le défi alimentaire de la femme, Louise Lambert-Lagacé
* **Délices en conserve,** Anne Gardon
Des insectes à croquer, Insectarium de Montréal et Jean-Louis Thémis
Devenir végétarien, V. Melina, V. Harrison et B. C. Davis
* **Du moût ou du raisin? Faites vous-même votre vin,** Claudio Bartolozzi
* **Faire son pain soi-même,** Janice Murray Gill
* **Faire son vin soi-même,** André Beaucage
* **Le guide des accords vins et mets,** Jacques Orhon
Harmonisez vins et mets, Jacques Orhon
Le juste milieu dans votre assiette, Dr B. Sears et B. Lawren
* **Le livre du café,** Julien Letellier
Mangez mieux, vivez mieux!, Bruno Comby
* **Menus et recettes du défi alimentaire de la femme,** Louise Lambert-Lagacé
* **Les muffins,** Angela Clubb
* **La nouvelle boîte à lunch,** Louise Desaulniers et Louise Lambert-Lagacé
La nouvelle cuisine micro-ondes, Marie-Paul Marchand et Nicole Grenier
La nouvelle cuisine micro-ondes II, Marie-Paul Marchand et Nicole Grenier
Les passions gourmandes, Philippe Mollé
* **Les pâtes,** Julien Letellier
* **La pâtisserie,** Maurice-Marie Bellot
Plaisirs d'été, Collectif
* **Poissons, mollusques et crustacés,** Jean-Paul Grappe et l'I.T.H.Q.
* **Les recettes du bien-être absolu,** Dr Barry Sears
Réfléchissez, mangez et maigrissez!, Dr Dean Ornish
La sage bouffe de 2 à 6 ans, Louise Lambert-Lagacé
* **Soupes et plats mijotés,** Marg Ruttan et Lew Miller
Telle mère, telle fille, Debra Waterhouse
Les tisanes qui font merveille, Dr Leonhard Hochenegg et Anita Höhne
Une cuisine sage, Louise Lambert-Lagacé
* **Votre régime contre l'acné,** Alan Moyle
* **Votre régime contre la colite,** Joan Lay
* **Votre régime contre la cystite,** Ralph McCutcheon
* **Votre régime contre la sclérose en plaque,** Rita Greer
* **Votre régime contre l'asthme et le rhume des foins,** R. Newman Turner
* **Votre régime contre le diabète,** Martin Budd
* **Votre régime contre le psoriasis,** Harry Clements
* **Votre régime pour contrôler le cholestérol,** R. Newman Turner
* **Les yogourts glacés,** Mable et Gar Hoffman

Plein air, sports, loisirs

* **30 ans de photos de hockey,** Denis Brodeur
* **L'ABC du bridge,** Frank Stewart et Randall Baron
* **Almanach chasse et pêche 93,** Alain Demers
L'arc et la chasse, Greg Guardo
* **Les armes de chasse,** Charles Petit-Martinon
L'art du pliage du papier, Robert Harbin
La basse sans professeur, Laurence Canty
La batterie sans professeur, James Blades et Johnny Dean
Beautés sauvages du Québec, H. Wittenborn et A. Croteau
Les bons cigares, H. Paul Jeffers et Kevin Gordon
Le bridge, Viviane Beaulieu

Carte et boussole, Björn Kjellström
Le chant sans professeur, Graham Hewitt
* **Charlevoix,** Mia et Klaus
La clarinette sans professeur, John Robert Brown
Le clavier électronique sans professeur, Roger Evans
Le golf après 50 ans, Jacques Barrette et Dr Pierre Lacoste
* **Les clés du scrabble,** Pierre-André Sigal et Michel Raineri
Corrigez vos défauts au golf, Yves Bergeron
* **Le curling,** Ed Lukowich
* **De la hanche aux doigts de pieds — Guide santé pour l'athlète,** M. J. Schneider et M. D. Sussman
* **Devenir gardien de but au hockey,** François Allaire
* **Les éphémères du pêcheur québécois,** Yvon Dulude
* **Exceller au softball,** Dick Walker
* **Exceller au tennis,** Charles Bracken
* **Les Expos,** Denis Brodeur et Daniel Caza
La flûte à bec sans professeur, Alain Bergeron
La flûte traversière sans professeur, Howard Harrison
* **Les gardiens de but au hockey,** Denis Brodeur
Le golf au féminin, Yves Bergeron et André Maltais
Le grand livre des sports, Le groupe Diagram
Les grands du hockey, Denis Brodeur
Le guide complet du judo, Louis Arpin
Le guide complet du self-defense, Louis Arpin
* **Le guide de la chasse,** Jean Pagé
* **Guide de la forêt québécoise,** André Croteau
* **Le guide de la pêche au Québec,** Jean Pagé
* **Le guide des auberges et relais de campagne du Québec,** François Trépanier
* **Guide des jeux scouts,** Association des Scouts du Canada
Le guide de survie de l'armée américaine, Collectif
Guide d'orientation avec carte et boussole, Paul Jacob
Guide pratique de survie en forêt, Jean-Georges Deschenaux
La guitare électrique sans professeur, Robert Rioux
La guitare sans professeur, Roger Evans
L'harmonica sans professeur, Alain Lamontagne et Michel Aubin
* **Les Îles-de-la-Madeleine,** Mia et Klaus
* **J'apprends à nager,** Régent la Coursière
* **Le Jardin botanique,** Mia et Klaus
* **Je me débrouille à la chasse,** Gilles Richard
* **Je me débrouille à la pêche,** Serge Vincent
* **Jeux pour rire et s'amuser en société,** Claudette Contant
Jouer au golf sans viser la perfection, Bob Rotella et Bob Cullen
Jouons au scrabble, Philippe Guérin
Le karaté Koshiki, Collectif
Le karaté Kyokushin, André Gilbert
Le livre des patiences, Maria Bezanovska et Paul Kitchevats
* **Manon Rhéaume,** Chantal Gilbert
Manuel de pilotage, Transport Canada
Le manuel du monteur de mouches, Mike Dawes
Le marathon pour tous, Pierre Anctil, Daniel Bégin et Patrick Montuoro
* **Mario Lemieux,** Lawrence Martin
La médecine sportive, Dr Gabe Mirkin et Marshall Hoffman
* **La musculation pour tous,** Serge Laferrière
* **La nature en hiver,** Donald W. Stokes
* **Nos oiseaux en péril,** André Dion
* **Les papillons du Québec,** Christian Veilleux et Bernard Prévost
Parlons franchement des enfants et du sport, J. E. LeBlanc et L. Dickson
* **La photographie sans professeur,** Jean Lauzon
Le piano jazz sans professeur, Bob Kail

Le piano sans professeur, Roger Evans
La planche à voile, Gérald Maillefer
La plongée sous-marine, Richard Charron et Michel Lavoie
Pour l'amour du ciel, Bernard R. Parker
* **Les Québécois à Lillehammer,** Bernard Brault et Michel Marois
* **Racquetball,** Jean Corbeil
* **Racquetball plus,** Jean Corbeil
* **Rivières et lacs canotables du Québec,** Fédération québécoise du canot-camping
S'améliorer au tennis, Richard Chevalier
* **Le saumon,** Jean-Paul Dubé
Le saxophone sans professeur, John Robert Brown
* **Le scrabble,** Daniel Gallez
Les secrets du blackjack, Yvan Courchesne
Le solfège sans professeur, Roger Evans
* **Sylvie Fréchette,** Lilianne Lacroix
La technique du ski alpin, Stu Campbell et Max Lundberg
Techniques du billard, Robert Pouliot
* **Le tennis,** Denis Roch
Tiger Woods, Tim Rosaforte
* **Le tissage,** Germaine Galerneau et Jeanne Grisé-Allard
Tous les secrets du golf selon Arnold Palmer, Arnold Palmer
La trompette sans professeur, Digby Fairweather
* **Les vacances en famille: comment s'en sortir vivant,** Erma Bombeck
Villeneuve — Ma première saison en Formule 1, J. Villeneuve et G. Donaldson
Le violon sans professeur, Max Jaffa
Voir plus clair aux échecs, Henri Tranquille et Louis Morin
Le volley-ball, Fédération de volley-ball

imprimerie gagné ltée

IMPRIMÉ AU CANADA